건강 공부 건강 습관

건강 공부
오상우 지음
건강 습관

EBS BOOKS

세상 가장 어리석은 일은,

어떤 이익을 얻기 위해서 건강을 희생하는 것이다.

― 아르투어 쇼펜하우어

3부 깡마른 체형도 알아야 할 비만의 진실

4부 세포와 호르몬, 세균과 미생물이 지켜주는 체내 밸런스

5부 한 끼부터 제대로 시작하는 하루 건강 섭식

6부 몸을 망치는 운동, 몸을 살리는 운동

7부 병원 가는 시간을 줄여주는 하루 습관

왜 돈은 죽어라 공부하면서
건강 공부는 죽어도 안 하는 걸까?

연일 쏟아지는 뉴스의 제목들을 살펴보면 지금 이 순간 사
람들의 관심사가 무엇인지 읽을 수 있다. 2021년의 최대 관
심사는 누가 뭐라 해도 부동산과 주식 시장에 대한 정보일
것이다. 안정적인 노후 대비를 위해, 밀린 학자금이나 전세
대출금을 갚기 위해 등 지향하는 바는 각자 달라도 돈을 지
키고 자산을 쌓겠다는 욕망은 하나다. 그래서일까, 한동안
서점 베스트셀러 코너에서 '돈'이라는 단어가 들어간 경제
서가 빠진 적이 없을 정도다. 바야흐로 돈 공부가 대세인 시
대다.

　문제는 돈 공부가 반드시 성공적인 투자로 이어진다는

보장이 없다는 점이다. 한 치 앞도 내다볼 수 없는 외부 환경에 대해 개인이 대응하기는 거의 불가능하다. 게다가 최근에는 24시간 쉼 없이 굴러가는 가상화폐 시장까지 들썩이며 투자자들의 밤잠을 빼앗고, 연일 등락을 반복하는 뉴스 때문에 정신 건강 면에서도 긍정적이지 않다고 토로하는 사람들이 늘고 있다. 돈 잃고 건강까지 잃는 악순환의 고리에 빠진다면 무슨 소용이겠는가.

돈 공부를 위해 노력하는 만큼 건강 공부에 관심을 기울여야 할 때다. 주식이나 부동산 같은 투자 종목은 정책 변화나 시장 흐름이라는 외부 환경 요인이 작용하기에 전문가들도 확실한 대처법을 제시할 수 없는 불확실성의 분야다. 반면 신체 건강의 상태는 약간의 차이만으로도 누구나 변화를 감지할 수 있어 빠른 대처가 가능하다. 설령 내가 모르는 지병을 갖고 있다 해도 가족력이나 정기 건강 검진을 통해 파악할 수 있다.

그리고 다양한 의학 분야의 연구진도 인류의 질병에 대한 수많은 데이터를 분석해놓고 있다. 따라서 우리가 어떤 병으로 죽음을 맞이하게 될지를 간접적으로나마 미리 알아낸다면 충분히 대비할 수 있을 것이다. 2019년 한국인의 사망 원인을 살펴보면, 3대 사망 원인으로 암, 심혈관 질환, 폐렴이 지목되고 있다. 10대 사망 원인으로는 암, 심혈관 질환, 폐렴, 뇌혈관 질환, 자살, 당뇨병, 알츠하이머병, 간 질환, 만성 하기도 질환, 고혈압이 순서대로 차지하고 있다. 이 중에서 나의 운명이 마주하게 될 사망 원인은 무엇일까?

'구구팔팔'이라는 말이 있듯이 99세까지 팔팔하게 살고 싶은 것이 우리 모두의 마음이다. 다행히 인류의 수명은 지난 1~2세기 동안 빠르게 늘어왔다. 생활 수준이 높아지고, 영양이 개선되었고, 위생 환경이 좋아졌으며, 눈부신 의료 기술의 발전을 통해 이루어낸 큰 업적이다. 하지만 수명이 늘었다고 해서 전부가 아니다. 수명이 늘어나면서 암 발생 확률이 늘어났고, 노화로 인해 생기는 알츠하이머병 같은 질병들이 급속히 확산되어 새로운 형태로 인류의 건강을 위협하고 있다. 더욱이 비만 환자가 늘면서 당뇨병, 고지혈증, 고혈압, 심근경색증과 같이 평생을 달고 살아야 하는 질병이 늘어나고 있다. 과거의 결핵이나 기생충 감염, B형 간염 같은 감염병과는 다른 형태의 질병들이 크게 늘어났다.

이런 질환들에 걸리면 생명에도 위협을 받을뿐더러 평생 관리해야 한다는 숙제도 안게 된다. 시간적·금전적 비용도 많이 들지만, 심리적 부담이 가중되고 삶의 질이 떨어지는 것 또한 큰 문제다. 무엇보다 병에 걸리지 않도록 예방하는 것이 우선이고, 걸렸다 하더라도 효율적으로 관리하여 합병증이나 사망에 이르지 않도록 해야 한다.

이를 위해서는 바른 정보 습득과 지식이 매우 중요하다. 물론 그보다 실천이 앞서야겠지만 말이다. 요즘 주변에는 우리를 유혹하는 정보들이 너무 많이 떠다닌다. 그러나 검증된 정보는 별로 없고, 상업적 목적까지 가세한 왜곡된 건강 정보가 주변에 만연한 것이 현실이다. 아마 오늘도 어김없이 방송이나 유튜브에서는 이런 것을 먹거나 복용하면 면역력이 높아진다고 이야기할 것이고, 동시간대 홈쇼핑 채널에서는 관련 상품을 팔고 있을 것이다.

EBS 〈클래스ⓔ〉라는 프로그램에서 강연한 내용을 바탕으로 이 책을 썼다. 현대인이 알아야 할 기본적인 건강 상식을 소개하기 위해 출연해 강연을 했는데, 이렇게 출간까지 하게 되었다. 10편짜리 강연 내용을 담다 보니 일부 반복해 강조하는 내용도 있고 어려운 용어도 가끔 등장한다. 하지만 되도록 쉽게 풀어서 설명하려고 노력했다.

하루에도 수없이 쏟아져 나오는 건강 정보 가운데 자신

에게 적합하고 부작용이 없는 맞춤형 정보를 취사선택할 수 있는 자가 진단법까지 온 국민이 갖추고 있을지는 미지수다. 게다가 한 사람의 건강 상태는 그 사람만의 지문과도 같기 때문에 몸 상태에 대한 정확한 진단과 검증된 진료 과정 없이 두루뭉술한 대처만으로는 개선 효과를 기대할 수 없다. 더욱이 2021년 현재 우리는 코로나19 팬데믹의 시간을 살고 있다. 개인의 건강은 물론 지역사회와 국가의 건강 관리 체계가 위협받고 있는 시점에서 건강과 의학에 관심을 더욱 기울여야 할 것이다.

여기 소개한 내용들을 독자들이 주의 깊게 읽어보았으면 좋겠다. 진료 시간에 설명하기 어려웠던 내용들을 풀어서 설명했기 때문이다. 고령화 사회로 진입하고 있는 만큼 언제 자신에게 닥칠지 모를 질병의 징후를 미리 알아두는 데 도움이 되는 정보들을 모았다. 특히 겉으로 증상이 드러나지 않는 대사증후군을 예방하는 법, 만성 질환의 근원으로 지목되는 비만을 관리하는 법, 체내 장기를 건강한 상태로 유지하기 위한 혈당과 인슐린 저항성 관리법 등 건강의 기본임에도 불구하고 평소 간과하기 쉬운 생활 속 질병 예방법을 다루었다. 또한 미디어에서 쏟아지는 건강 정보만을 믿고, 건강에 별 도움이 되지 않는 건강 보조제를 불균형하게 섭취하고, 무효한 치료로 삶을 연명하고 있는 분들에게 필요한, 가장 효과적이고도 기본적인 정보들을 담았다. 정확한 건강 지식을 가지고 있느냐 아니냐에 따라, 삶의 질이 달라진다. 그리고 미래의 어느 날, 반드시 닥칠 죽음의 순간, 그 모습 또한 사뭇 다를 것이다. 인생을 튼튼하게 설계하는 사람은 내 몸부터 공부한다.

2021년 여름

오상우

PART 1

유전자부터 질병의 목록까지
생로병사의 원초적 비밀

LESSON 01

DNA를 알면
건강을 예측할 수 있을까?

유전자 분석 시대의 건강법

인류 탄생 이래 누구나 변함없이 품어온 공통의 바람은 건강하게 오래 사는 것이다. 우리가 일상생활에서 잘 못 느끼지만, 사실 인류의 수명은 지난 세월 동안 가파르게 늘었다. 역사 기록에 따르면, 조선시대 평민의 평균 수명은 35세 정도였고, 최고의 의료 혜택을 누렸던 왕들조차도 평균 수명은 46세에 불과했다고 한다. 현재 한국인의 평균 수명이 83세에 이르렀으니, 우리는 이미 조상들보다 2배 이상 오래 살고 있다. 그분들의 관점에서 본다면 우리야말로 꿈같은 호사를 누리고 있다고 할 수 있다. 하지만 막상 주변을 둘러보면 이 정도 수명에 만족하는 사람은 찾기 쉽지 않다. 예나 지금이나 인간은 현재에 만족하지 못하고 더 높은 곳을 추구한다. 인류의 수명이 길어져도 그에 만족하지 못하고, 오히려 더 오래 살 수 있다는 기대와 욕구가 더욱 강해지고 있다.

대한민국 질병의 지도

내가 의학을 처음 배우던 1980년대와 비교해보면, 현재의 사람들은 의학적인 관점에서 볼 때 확실히 다르다. 여러 건강 지표나 노화 정도로 판단했을 때 현재의 60대는 그 시대의 40~50대에 해당한다. 1980년대만 하더라도 60대에 허리가 굽고 피부 노화가 심하게 진행된 사람을 흔히 볼 수 있었는데, 지금은 과연 이 나이가 맞나 되물어볼 정도로 젊어 보이는 고령층을 흔히 볼 수 있다. 그만큼 젊어진 것이다.

질병의 양상도 크게 바뀌었다. 현대 한국인의 생명을 위협하는 심혈관 질환, 당뇨병, 유방암, 대장암은 그 당시에는 드문 병이었다. 오히려 B형 간염으로 인한 간경화나 간암, 결핵, 위암 그리고 흡연으로 인한 폐암 환자들이 많았다. 불과 수십 년 사이에 대한민국의 질병 지도가 바뀌고, 극복해야 할 질병 대상도 바뀐 것이다. 건강하게 오래 살고자 하는 욕구는 더 강해졌지만, 우리가 맞닥뜨린 질병은 급속히 변화해온 것이다.

이런 급속한 변화의 원인은 무엇일까? 과거 내가 의과대학생 시절에 교수님들로부터, 유방암과 대장암은 서구에 많고 아시아인들에게는 드문데, 그 이유가 유전자의 차이 때문이라고 강의 시간에 들은 기억이 난다. 그렇다면 이 짧은 기간에 우리의 유전자가 바뀐 것일까? 당연히 아니다.

단순한 질문으로 돌아와보자. 인간이 태어나 사망에 이르기까지의 과정에서 생기는 다양한 질병은 타고나는 것일까? 그리고 미래에 앓게 될 질병의 원인을 찾아 미리 대비하면 건강하게 오래 살 수 있을까?

건강을 위한 진짜 정보는 어디 있나?

지난 세월 동안 의학의 발전을 통해 밝혀진 지식은 매우 복잡하고 거대하다. 분자생물학, 생리학, 생화학, 해부학, 병리학, 미생물학 같은 다양한 기초 의학에서 엄청난 지식이 축적되어왔고, 임상의학 분야에서도 다양한 데이터와 진단/치료법의 발전으로 가히 혁명적이라고 할 정도로 인류의 생명이 연장되었다. 나름대로 전문가이고 의과대학 교수인 나조차도 방대한 지식 중에 알고 있는 것은 일부에 불과하다. 그리고 오늘날 우리가 알고 있는 지식도 새로운 연구 결과에 의해 내일이면 틀린 지식이 될 수 있을 정도로 엄청나게 많은 정보들이 쏟아져 나오는 것이 현실이다.

최근 들어 다양한 SNS와 인터넷 그리고 방송과 유튜브를 통해 건강 정보의 전달 속도와 양이 급증하고 있다. 문제는 속설이나 개인적 견해나 경험에 근거한 건강 정보의 남발이다. 여기에 상업적 목적까지 더해져 사회적으로 많은 혼란을 일으키고 있다. 예를 들어보자. 코로나19 초기에 비타민 C가 면역력을 높이기 때문에 도움이 된다는 이야기가 나오면서 비타민 C 제품이 불티나게 팔린 적이 있다. 하지만 과학적으로 입증된 것은 없다. 어떤 이들은 비타민 C 제품이 감기 예방에 도움이 된다고 주장하는데, 실제 많은 관련 연구를 종합한 메타 분석 결과들을 보면 효과가 없거나 설령 있다 하더라도 아주 미미한 것으로 보인다. 값어치를 제대로 하지 못한다는 것이 정설이다. 어떤 기업에서는 자사의 유산균이 코로나19 바이러스 억제 효과가 있다는 광고를 내보내 사회적으로 큰 비난을 받기도 했다.

이렇듯 건강과 관련된 정보의 양이 방대하고, 빠르게 업데이트되고 있으며, 잘못된 정보도 주변에 만연해 있어 바른 정보를 습득하고 나에게 맞는 정보를 활용하기가 쉽지 않다. 좋은 방법이 없을까?

해결책은 생각보다 가까이 있다. 건강하고 아프지 않은 삶을 살기 위해 우리가 챙겨야 할 내용들이 이미 우리의 몸속에 잘 내장되어 있기 때문이다.

인류가 지금까지 의학적 지식의 깊이를 더하는 과정을 통해 수많은 새로운 정보들이 밝혀졌지만, 우리는 그러한 지식들을 굳이 세세하게 파고들어 알려고 할 필요가 없다. 왜냐하면 사람마다 그 원인과 해결책이 다를 수 있기 때문이다. 예를 들어 뚱뚱한 사람에게 살을 빼기 위해 등산을 강요할 수는 없는데, 이는 무릎 통증을 호소하는 사람들이 많기 때문이다.

그럼 무릎에 부담이 적은 수영을 권하면 어떨까? 이럴 경우에는 자신의 몸매를 드러내지 않으려는 심리적 요인을 생각했을 때 그리 좋은 권고 사항이 아닐 가능성이 높다.

가장 먼저 해야 할 일은 자신의 몸속에 내장되어 있는 문제점을 파악하고 자신의 생활 환경이나 신체 상태에 맞는 방법을 이끌어내는 것이다. 그리고 이에 맞춰 여러 건강 정보 중 일부라도 제대로 된 지식을 습득하고 활용해야 건강을 지킬 수 있다. 원인을 찾고, 대비책을 마련하기 위한 정보들을 찾는 출발점은 내 몸에 새겨져 있는 건강 코드를 들여다보고 건강한 미래를 위해 수정하고 보완하는 것이다. 잡다한 지식보다는 전반적인 원리를 알고 자신에게 맞는 정보를 찾아가는 지혜가 필요하다.

유전자 분석의 시대

많은 사람이 질병의 원인으로 유전을 언급한다. 아버지가 암을 앓았거나 형제가 당뇨병을 앓았으면 자신도 암이나 당뇨병에 걸릴 것이라고 막연한 두려움을 갖는 것이다. 하지만 현대인에게 유전이 백 퍼센트 원인인 질환은 많지 않다. 오히려 부모나 형제가 겪고 있는 병을 옆에서 지켜보며 그 병의 심각성을 간접적으로 경험함으로써, 이를 유발하는 나쁜 생활 습관을 경계하고 살아간다면 전화위복의 삶을 살 수도 있다.

암에 걸렸든 당뇨병에 걸렸든 유전의 영향을 무시할 수는 없다. 하지만 타고난 신체 조건보다는 환자 자신이 건강한 생활 습관을 얼마나 유지하고 관리하느냐에 따라 완쾌되는 경우를 우리는 주변에서 많이 목격하고 있다. 현대인의 생명을 위협하는 암, 심혈관 질환, 당뇨병, 비만 등은 적절한 관리를 통해 극복할 수 있는 질병들이다.

그런데 많은 사람이 건강에 대한 잘못된 정보와 과장된 정보에 노출된 나머지 지나치게 질병을 걱정하며 산다. 질병에 노출되지 않고 평균적인 건강을 유지하고 있는 사람들까지도 유전적 요소에 대해 막연한 두려움을 느끼는 현실은 매우 비효율적이다. 만약 내 신체 상태를 비롯해 가족력 같은 환경적 요인에 대한 정보를 잘 알고 있다면, 그에 꼭 맞는 과학적이고 의학적인 정보와 지혜를 토대로 대비할 수 있을 것이다.

그렇다면 질병을 비롯해 우리의 몸에 새겨져 있는 각종 정보들, 즉 유전자gene란 무엇일까.

유전자는 생명체가 탄생한 이래 수많은 세대를 거치며 유전 정보를 전달해온 메신저다. 인간을 비롯해 지구상에서 살아가는 생명체들은 유전자의 염기 서열을 통해 단백질에 유전 형질을 지정하고 세포를 형성해 생명 활동을 이어가고, 생식 활동을 통해 자신의 유전적 형질을 자식에게 전달한다.

생명체의 가장 기본적인 활동이 되는 단위가 유전자다. 그리고 인간의 유전자는 유전 정보를 담은 23쌍의 염색체chromosome와 함께 게놈genome을 이룬다.

인류의 역사는 수백만 년이지만, 유전자에 대한 과학적 지식이 제대로 쌓이기 시작한 것은 불과 반세기가 조금 넘는다. 인간의 의학 기술이 발달해 세포와 분자, 원자 수준으로 관찰할 수 있게 되면서, 유전자에 대한 관심은 더없이 높아졌다. 그리고 그동안 인간을 비롯한 생명체의 유전자를 채취해 분석하는 다양한 방법들이 나왔다. 최근에는 일반인에게서 타액이나 입속 상피 세포를 채취하는 방식으로 유전

유전자는 생명체가 탄생한 이래
수많은 세대를 거치며 유전 정보를 전달해온 메신저다.

자를 분석해주는 회사들도 등장하기 시작했다.

유전자 검사를 통해 자신의 조상이 어디에서 태어나 어떤 과정을 거쳐왔는지 밝혀내는 서비스도 나오고 있다. 한국 땅에 살고 있는 사람의 유전자에서 중국인이나 인도 그리고 저 멀리 아프리카 사람의 유전자가 발견되어 많은 관심을 불러일으키기도 한다. 우리는 단일 민족 국가라고 교육받았는데, 현대의 유전자 검사 결과는 이런 상식을 뒤흔들고 있다.

유전자 분석 기술은 시간이 갈수록 거듭 발전하고 있다. 2003년에는 휴먼 게놈 프로젝트Human Genome Project를 통해 인간의 유전자를 처음으로 완전히 분석하게 되었다. 단, 당시의 기술로는 한 인간의 유전자 지도를 완성하는 데 무려 13년이 걸렸다. 그러나 2017년에 이르러서는 한 인간의 유전자 지도를 완성하는 데 불과 한 시간 정도밖에 걸리지 않게 되었다. 이제는 누구나 자신의 유전자를 분석해 가족력을 비롯해 다양한 신체 정보를 얻을 수 있는 시대가 된 것이다.

유전자를 분석할 수 있다면 자신이 어떤 병에 취약한지 파악할 수 있다. 쉽게 말해 한 인간이 건강하고 아프지 않게 살아가는 데 필요한 모든 정보가 담겨 있는 건강 정보 지도가 곧 유전자다. 자신의 건강 정보를 잘 알고 있다는 의미는 가족력 같은 정해진 운명을 바꿔 자신의 건강 팔자를 자유롭게 바꿀 수도 있다는 말과 다르지 않다.

유전자 분석 기술이 등장하면서 유전적 질병을 예방하게 된 대표적인 사례로 영화배우 앤젤리나 졸리가 자주 거론된다. 그녀의 어머니와 가족들은 유방암과 난소암에 걸려 돌아가셨다고 한다. 흔히 말하는 가족력이 있었던 것이다. 가족력 때문에 졸리는 자신도 암에 걸릴지 모른다는 불안감 속에 살았다. 실제로 유전자 분석을 통해 유방암을 유발하는 브라카1 BRCA1 유전자를 자신도 갖고 있다는 것을 알게 되었다. 가족들이 암으로 너무나 고통스럽게 죽어가는 모습을 지켜봤던 졸리는 유방 제거 수술을 받기로 마음먹었다. 더 이상 질병에 걸릴지 모른다는 공포 속에 살아가지 않기로 결정한 것이다.

치료보다 예방을 위한 건강 정보

예방적 수술에는 장점과 단점이 공존한다. 병에 걸릴 자신의 운명을 고쳐 생명을 연장한다는 점에서는 장점으로 작용할 것이다. 반면 아직 질병이나 노화의 단계로 들어가지 않은 신체 장기의 일부를 적출 또는 수술함으로써 정상적인 장기 활동을 인위적으로 멈추게 한다는 단점이 존재한다.

예를 들어 여성의 난소를 제거하면 여성 호르몬의 분비가 멈추기 때문에 골다공증이 생길 가능성이 높다. 마치 폐경 이후 여성들이 여성 호르몬이 부족해지고 남성 호르몬의 작동이 상대적으로 강화되면서 복부 비만이 심해지고 심혈관 질환, 고지혈증, 당뇨병의 위험이 높아지는 신체적 변화 과정을 앞당기는 효과와 비슷하다.

따라서 예방적 차원에서 장기를 제거하거나 수술적으로 처치하는 과정에는 유전적 요인과 의학적 요인을 어떻게 적절히 잘 융합해 판단할 것인지에 대한 과제가 남아 있다. 하지만 인류가 진화를 통해 신체의 기능들을 발전시키고 위험 요소로부터 건강을 지키기 위한 생존 능력을 키워온 과정이 고스란히 담겨 있는 유전자를 분석하는 기술은 인류의 생존을 위해 충분히 가치 있는 일이다. 그 덕분에 인류의 기원에 대해서도 많은 지식을 쌓을 수 있었다.

유전자의 힘은 정말 강력하다. 그렇다면 우리 각자의 DNA 염기 서열을 분석해 알 수 있다면, 다시 말해 자신의 유전자를 분석한다면 앞으로 생길 수 있는 질병을 얼마나 예측할 수 있을까? 기대와는 다르게 암의 경우만 보더라도 미국암학회American Cancer Society의 보고에 따르면, 유전자 변이와 관련되어 발생하는 암은 전체 암 가운데 5~10퍼센트에 불과한 것으로 알려져 있다. 그 강력한 유전자의 힘이 전체 암 발생 가운데 5~10퍼센트만 설명해준다니 상당히 의외의 결과다.

이번에는 다른 각도에서 한번 살펴보자. 고고학자들의 연구에 따르면, 인류의 기원은 중부 아프리카에서 시작되었다. 우리가 흔히 보는 아담과 이브의 그림은 백인으로 그려져 있는데, 인류의 기원이 아프리카라면 그 그림은 잘못된 것이다. 백인이 아니라 흑인을 그려야 맞는다. 하지만 이들 인류의 조상들은 이동을 했다. 그중 일부는 유럽으로 갔고, 일부는 아시아 지역으로 삶의 터전을 옮겨갔다.

우리 한국인의 기원이 궁금한데, 지금까지의 연구 결과

를 보면 우리 조상들은 중앙아시아를 거쳐 이동해온 것으로 추정된다. 같은 중앙아시아를 거쳐 이동한 또 다른 일부는 북유럽 쪽으로 갔고, 인도나 동남아시아로 간 인류도 있다. 한 뿌리에서 나왔고 중간 과정도 같은데, 현재의 중앙아시아에 기원을 둔 이들 인종들은 서로 너무 다른 신체적 특징을 가지고 있다. 피부색부터 그렇다. 여기에는 그럴듯한 설명이 있다. 북유럽으로 간 사람들은 아무래도 햇빛을 쬐기가 어려워 체내 비타민 D 합성이 잘 안 되므로, 하얀 피부를 가져 자외선이 잘 통과하도록 변할 수밖에 없었다는 것이다.

반면에 인도나 동남아처럼 적도 가까운 곳에 터를 잡은 인종의 경우 짙은 피부색을 가져야 강한 자외선으로부터 피부암 발생을 억제할 수 있었다는 것이다. 그리고 우리는 그 중간 정도의 위치에 정착해 현재와 같은 피부색을 가졌다는 것이다. 따라서 주위 환경에 맞추고 반응하면서 유전자의 발현과 선택이 조정 과정을 거친 것이라고 볼 수 있다.

그래서 유전자의 염기 서열 순서를 검사하는 것만으로 질병을 예측하는 데에는 한계가 있을 수밖에 없다. 오히려 생활 환경, 식습관, 신체 활동, 수면, 스트레스, 대기 오염 등 다양한 요인들을 감안하고 이들의 상호 작용을 고려할 때 보다 정확한 예측이 가능하다.

흡연으로 인해 생길 수 있는 폐암을 유전자 검사만으로 예측하기는 어렵다. 오히려 유전자 검사보다는 평생 흡연량을 측정하고 정기적인 검사를 통해 발생 위험을 줄이고 정기 검진을 통해 조기 발견하는 것이 더 도움이 된다.

정리하자면, 유전자의 힘은 강력하다. 하지만 그에 못지 않게 생활 습관, 환경 등 다양한 건강 관련 요인들이 함께 존재하고 어떤 경우에는 이들의 힘이 더 강하다.

어떤 환자가 부모가 이런 병을 앓았기 때문에 자신이 같은 병에 걸릴 팔자였다고 넋두리하는 것을 들은 적이 있다. 하지만 현대인의 생명을 위협하는 대부분의 병들은 그렇지 않다. 사실은 우리가 조절할 수 없는 유전자 서열 때문이라기보다는 본인의 생활 습관이나 환경 요인에 기인한 경우가 더 많다. 다시 말해, 이런 것들을 고쳐나가면 예방 가능한 요인들이 많다.

이 책에서는 이렇게 조절 가능한 내용들에 대해 이야기하고자 한다. 어떤 이들은 그럼 뭘 먹고 어떤 운동을 해야 하느냐고 직접 물어오기도 한다. 하지만 우리는 식습관도 다르고, 하는 일도 다르고, 가치관도 다르다. 또한 어떤 것을 먹고 어떻게 운동하라고 해도 그것만 주야장천 따라 할 수 없다. 현실적으로 불가능하다. 그에 대한 해결책은 기본적이고 제대로 된 지식을 알고 자신에게 맞게 적용해나가는 것이다.

유전자의 힘은 강력하다. 하지만 그에 못지않게 생활 습관, 환경 등 다양한 건강 관련 요인들이 함께 존재하고 어떤 경우에는 이들의 힘이 더 강하다.

LESSON 02

쌍둥이가
서로 다르게 성장한 비밀

환경에 적응하는 유전자

"내가 이미 이런 유전자를 가지고 있는데 어쩌라고. 나쁜 습관을 고치고 식생활을 개선한다고 해서 얼마나 좋아지겠어? 그냥 이대로 살다 죽지 뭐……" 하고 넋두리하는 사람들이 있다. 이런 의문에 답해줄 흥미로운 연구들이 있다. 쌍둥이를 대상으로 한 연구인데, 아주 어렸을 때 집안 사정으로 다른 가정에 입양되어 서로 다른 환경에서 자란 일란성 쌍둥이를 성인 때 비교해본 것이다. 그들은 분명히 같은 유전자를 가졌는데 결과는 차이가 컸다. 성장 환경, 교육 수준, 현재의 직업에 차이도 있었지만, 비만도나 가지고 있는 질병도 차이가 컸다는 보고가 속속 나오고 있다. 같은 유전자를 가진 것이 맞나 싶을 정도의 차이가 흔하게 관찰되었다.

유전자가 절대적인 요인은 아니라는 이야기다. 생활 환경, 자신이 살아가는 삶에서의 다양한 상황, 감정, 식습관, 신체 활동 습관 등 다양한 요인들이 관여되어 이런 차이를 만든 것이다. 실제 임상에서 경험해봐도 유전자만으로는 모든 것을 설명하지 못하는 상황을 자주 마주하게 된다. 유전자는 기본적으로 코딩되어 있는 우리의 성향이고, 환경이나 여러 다른 요인들과 상호작용하면서 우리의 건강을 결정하는 것이다.

우리는 왜 늘 식욕 앞에 무릎을 꿇을까?

생명체는 태어난 이후 발육을 시작한다. 부모의 유전자를 물려받아 수정된 세포가 분열을 통해 생명체로서의 형태를 이루면, 뼈가 단단해지고 근육이 생기고 키가 자라고 체중이 늘어나는 과정을 거친다.

발육은 생명 활동을 유지하기 위한 필수 영양소를 체내에 저장하고 에너지를 만들기 위한 과정이다. 그리고 나이가 들면 발육과는 정반대 방향으로 노화한다.

체중이 줄고 키가 줄어들고 근육이 빠지고 뼈가 약해진다. 결국에는 생명체로서의 삶을 마감한다. 너무나도 당연한 생로병사의 과정이다.

이러한 생명 활동을 하는 지구상의 생명체 중에서 특히 인간은 독특한 신체 활동을 하고 있다. 바로 의도적으로 식욕을 조절하는 것이다. 그러나 다이어트를 위한 목적이든, 질병을 예방하거나 치료하기 위한 목적이든 식욕 조절은 자연스러운 생명 활동에 반하는 행동이다. 어쩌면 지구상에 존재하는 생명체 중에서 인간만큼 살을 빼려고 애쓰는 종種도 없을 것이다.

인간의 유전자는 수백만 년 동안 수많은 세대를 거치면서 척박한 환경을 극복하고 살아남기 위해 영양분을 몸에 저장할 수 있도록 진화해왔다. 우리 몸에 영양소가 부족하면 배가 고프다는 신호를 뇌에 보내 음식을 섭취하도록 만든다. 만약 이러한 신호 체계가 단 하나뿐이라면, 그리고 그 신호 체계에 이상이 생긴다면 인간은 음식을 섭취하지 못하고 죽음에 이를 것이다.

생존을 위해 식욕을 조절하는 과정은 매우 다양하고 복잡하게 발전했다. 예를 들어 식욕을 조절하는 시상하부에 전달되는 신호에 이상이 생겨 음식을 먹는 데 문제가 생길 경우에 대비해, 지금 밥을 먹었다거나 배가 고프다거나 하는 신호를 췌장, 지방 조직, 위, 소장, 심지어 대장 속 세균들까지도 식욕 조절 중추인 뇌로 보낸다. 이처럼 우리의 식욕 조절은 체내에 있는 여러 장기들의 네트워크가 서로 복잡한 신호를 주고받으면서 이루어지는 것이다.

식욕과 관련된 신체의 메커니즘은 단순히 식욕만을 자극하는 수준으로 끝나지 않는다. 인간의 감정과 연계되면서 좀 더 복잡한 과정과 결과를 수반한다. 예를 들어 기분이 울적하거나 비가 오면 누군가는 소주 한잔을 떠올리고, 누군가는 김치찌개를 떠올리고, 누군가는 파전을 떠올리는 경험을 했을 것이다.

이렇게 식욕과 관련된 신체의 메커니즘은 인간의 감성과 보상을 주관하고 조절하는 메조림빅 시스템mesolimbic

식욕과 관련된 신체의 메커니즘은
단순히 식욕만을 자극하는 수준으로 끝나지 않는다.
인간의 감정과 연계되면서 좀 더 복잡한 과정과 결과를 수반한다.

system과 밀접하게 연관되어 있을 뿐만 아니라 시각·후각과 같은 감각 기관, 심지어는 다양한 지적 활동을 하는 대뇌피질과도 복잡하게 연계되어 있다. 식욕과 관련된 기전은 한마디로 매우 복잡하다. 사실 이렇게 복잡하지 않았다면 인류는 진작에 멸망했을 것이다.

식욕 자극의 한 부분이 막히면, 다른 부분이라도 작동해 식욕을 자극해야만 인간이 섭식 활동을 유지하고 생존할 수 있기 때문이다.

시중에는 먹기만 해도 식욕이 억제된다는 약이나 식품들이 팔리고 있는데, 사실 그렇게 간단한 문제가 아니다. 왜냐하면 어느 한 부분이 제대로 작동하지 않을 때 또 다른 식욕 자극 신호 체계가 이를 보완해 작동하는 식으로 인류가 진화해왔기 때문이다.

우리 몸의 다양한 식욕 조절 체계 중 한 가지 예를 들어 설명해보자. 위에서 분비되는 그렐린ghrelin이라는 호르몬은 일정 시간이 되면 뇌에 있는 시상하부를 자극해 밥을 먹고 싶은 욕구, 즉 허기지게 함으로써 뭔가 먹고 싶은 욕구를 만들어낸다. 다시 말해 일정한 시간에 밥을 먹으라고 신호를 주는 것이다.

위에서 보내는 이런 신호를 받은 뇌에서는 식욕이 자극된다. 이후 음식을 먹기 시작하면 위에서 그렐린의 분비가 금방 멈춘다. 그렐린이 식욕을 자극한다는 사실이 다양한 연구로 확인되고 나서, 그렐린에 작용하는 백신을 개발한 적이 있다. 이른바 비만 예방 접종의 시대를 꿈꾼 것이다. 하지만 결과는 좋지 않았다. 앞서 말한 것처럼 식욕은 어느 한 부분만 억제한다고 해결되는 것이 아니기 때문이다. 워낙 다양한 요소들이 관여되어 있기 때문에 식욕을 없애기란 쉽지 않다.

하지만 다이어트에 대한 사람들의 끝없는 욕구를 해소하기 위해 의학계에서도 많은 연구를 진행하고 있다. 이를 통해 다양한 신호 전달 물질들이 식욕을 조절하는 데 역할을 하고 있다고 밝혀졌다.

그중 대표적인 것이 지방 세포에서 분비되는 렙틴leptin이라는 호르몬이다. 우리가 밥을 먹으면 체내의 지방 세포는 음식이 들어왔다는 신호를 뇌와 여러 장기에 보낸다. 이때 바로 이 렙틴을 분비해 시상하부의 수용체를 자극함으로써 식욕을 억제하고 에너지 소비를 촉진시킨다.

이 렙틴을 식욕 억제약으로 개발한 적도 있다. 그런데

이 또한 실패로 끝났다. 그 이유를 분석한 결과, 외부에서 넣어준 렙틴에 우리 몸이 적응하기 시작해 렙틴의 효과에 대한 저항성이 생긴 것이 주요 원인이었다.

비만, 인류를 위협하는 새로운 질병

우리 몸은 식욕 변화에 민감하고, 생존을 위해 주변 환경의 변화에 다양하게 대응한다. 예를 들어 매일 아침을 먹는 사람은 매일 같은 시간대에 위에서 식욕을 자극하는 그렐린이 분비되는 것을 확인할 수 있다.

그런데 같은 사람에게 일주일 동안 아침을 거르게 하면 몸이 적응해 그 시간대에 그렐린 분비와 식욕 자극이 줄어든다. 그 대신 점심이나 저녁 시간의 음식 섭취량이 늘어난다. 이외에도 우리 몸속에 있는 근육, 지방 세포, 췌장, 간, 소장, 장내 세균 등 다양한 요소들이 식욕을 자극하거나 식욕을 억제하는 신호를 뇌와 주고받으며 상호 작용하고 있는 것이다.

문제는 오늘날 우리가 살아가는 세상이 그동안 인류가 진화하면서 경험했던 척박한 환경보다 훨씬 안전하고 영양적으로도 풍족하다는 점이다. 과도한 영양분 섭취는 체내에 쌓이는 지방과 노폐물을 증가시켜 건강을 위협하는 요소가 된다.

이러한 부작용을 막기 위해 진화의 시계를 거꾸로 돌려 인류의 생존을 위협하던 척박한 환경에 어울리는 유전자로 되돌릴 수도 없는 노릇이다. 간혹 수렵 채집을 하던 시대의 사람들처럼 먹으며 생활하는 다이어트 방식이 등장하곤 한다. 게다가 최근에는 저탄고지(탄수화물을 극도로 줄이고, 지방을 많이 섭취하는 다이어트)와 같은 다이어트 방법도 많이 소개되어 있다. 하지만 장기적으로 이 다이어트들의 효과가 입증된 바는 거의 없다. 또 언제까지 이런 다이어트를 고집하며 생활할 수도 없다. 게다가 우리 몸에서 뇌로 보내는 신호를 무시하고 다이어트만을 위해 식단을 극도로 제한하면 오히려 스트레스가 되어 건강을 해칠 위험이 높다.

세계보건기구나 국민건강보험공단 같은 단체에서는 비만을 인류를 위협하는 새로운 질병으로 분류하기도 한다. 전 세계적으로 비만 인구가 엄청난 속도로 증가하고 있기 때문이다.

향후 10~20년 사이에 세계 인구 둘 중 한 명이 고도 비만 환자가 될 것이라는 예측도 등장하고 있다. 이렇듯 비만이 위험한 이유는 그 자체로도 질병일 뿐만 아니라 현대인의 생명을 위협하는 다양한 질병의 직접적인 원인이 되기 때문이다.

인류의 생존을 위한 진화의 산물이던 비만이 이제는 인류의 생명을 위협하는 단계로 변화하고 있다는 사실이 아이러니하기도 하다.

특히 현대인들은 온갖 좋은 음식에 대한 정보가 넘치는 세상에서 살아가고 있다. 과거에는 음식의 종류도 다양하지 않고 영양도 많이 부족한 까닭에 절기별로 보신 음식을 챙겨 먹는 문화가 있었다. 오늘날에는 기본적으로 영양이 충분히 넘치는 데다 의학 연구가 축적되어 특정 영양소만을 섭취할 수 있는 좋은 환경이 갖춰져 있다. 그 때문에 오히려 영양소의 과잉 섭취가 문제 되기도 한다. 또 다른 경우는 건강에 좋다는 음식만 먹으면서 운동을 게을리하거나 나쁜 생활 습관을 유지하며 자신의 신체를 더 안 좋은 상태로 내모는 것이다.

그러나 모든 사람이 비만해지진 않는다는 데 주목할 필요가 있다. 지방 세포가 비대해지도록 유전자가 진화했다

하더라도 생활 습관과 식습관을 조절함으로써 건강한 삶을 위한 최적의 조건을 찾아낼 수 있다. 특히 음식을 빨리 먹는 식문화와 짜게 먹는 식단에 익숙한 우리나라 사람들의 경우 그러한 식습관을 조금만 바꿔도 고혈압, 당뇨병, 이상지질 혈증, 심혈관 질환, 암 등으로부터 보다 안전한 생활을 유지할 수 있다.

또한 배달 음식을 많이 시켜 먹는 최근 사회 환경의 변화와 바쁘다는 핑계로 제때 식사를 하지 않고 야식을 하는 식습관은 우리 몸의 식욕 조절 메커니즘을 교란시켜 지방 세포가 적응하는 데 어려움을 느끼게 만든다. 예를 들어 제때 식사를 하지 않으면 우리 몸은 에너지가 부족한 상태로 인지하게 된다. 그럼 뇌를 비롯한 식욕 조절 중추와 소화 관련 기관들이 잔뜩 긴장해 있다가 다음 끼니때 강하게 식욕을 자극한다. 과식할 위험이 높아지고 기름지거나 단 음식을 선호하게 된다. 자신의 의지로 조절하려 해보지만 쉽지 않다. 실제로 많은 연구 결과들이 일주일에 몇 번 끼니를 거른다 해도 나중에 일주일 전체의 양을 계산해보면 별 차이가 없음을 보고하고 있다.

우리나라 사람들의 나트륨 섭취량은 국제적으로 높은

편에 속한다. '우리가 뭘 그리 짜게 먹는다고 그래? 서양 음식 먹어보면 훨씬 짠데'라는 의문을 가질 수도 있지만 실제 측정해보면 상당히 짜게 먹고 있는 것으로 분석된다.

왜 우리는 짜다고 느끼지 못하는 걸까? 그것은 음식에 다른 맛이 첨가된 경우가 많아 짠 음식이라고 느끼지 못하는 경우가 많기 때문이다.

예를 들어 우리가 먹는 김치에는 소금이 많은데 매일 먹으면서 짜다는 느낌을 받지 않는다. 김치에 들어간 고추의 매운맛과 다른 맛 그리고 발효 음식이 가지고 있는 풍미가 어우러져 짠 음식으로 느끼지 못하는 것이다. 이런 식습관이 과식과 비만을 유발하고, 고혈압이나 위암 같은 질병의 위험을 높인다.

우리 몸속에 에너지가 얼마나 채워져 있고 비워져 있는지를 뇌가 정확하게 규칙적으로 인지할 수 있는 생활 습관을 들여야 한다. 그리고 우리가 먹는 음식에 대한 정보를 제대로 알고, 반드시 필요한 영양소만을 적절한 양으로 섭취하는 지혜가 필요하다.

자신의 신체 환경과 생활 습관을 바꿈으로써 우리 몸속 세포와 호르몬의 부작용을 최소한으로 줄이는 방법들을 활용한다면, 그리고 인간의 유전자가 환경에 적응해온 것처럼 새로운 환경에 적응할 수 있다면 비만으로부터 탈출할 수 있고, 비만에 따르는 다양한 질병들로부터 안전한 삶을 살 수 있다.

"

우리 몸속에 에너지가 얼마나 채워져 있고 비워져 있는지를 뇌가 인지할 수 있는 생활 습관을 들여야 한다. 우리가 먹는 음식에 대한 정보를 제대로 알고, 반드시 필요한 영양소만을 적절한 양으로 섭취하는 지혜가 필요하다.

"

LESSON 03

배달 앱과 야식으로 위협받는
건강 지도

한국인의 대표적인 질병 변천사

"당신이 무엇을 먹는지 말해달라. 그러면 당신이 어떤 사람인지 말해주겠다." 프랑스의 법률가이자 미식가의 시조라 불리는 장 앙텔름 브리야사바랭Jean Anthelme Brillat-Savarin의 말이다. 이는 우리가 무엇을 먹는지에 따라 우리의 몸도, 우리의 생활도, 우리의 건강까지도 영향을 받는다는 말이다.

브리야사바랭의 말에서 음식 대신에 어떻게 생활하는지, 어떻게 운동하는지, 어떻게 건강을 챙기는지로 판단 기준을 바꿔 넣어도 의미를 전달하는 데 큰 차이가 없다. 그만큼 우리의 식생활과 생활 습관이 우리의 건강에, 생명 활동에, 장수에 영향을 미친다고 할 수 있다.

생활의 편리함과 맞바꾼 건강

인간의 유전자는 굶어 죽는 것을 극복하는 방식으로 진화해왔다. 생존의 가장 기본이 되는 영양분을 섭취하고 저장하며 에너지를 최소한으로 소비하는 방식을 택한 것이다. 또 인류가 대다수의 유전자를 공유하는 유인원과 진화의 계통수에서 갈라진 이후 진화를 거듭하면서, 외부로부터 질병을 유발하는 인자들이 우리 몸에 침입해 감염을 일으키는 것을 해결하기 위한 적응도 함께 이뤄졌다.

그러나 수백만 년의 진화를 통해 이뤄낸 변화는 현대에 이르러 급격한 변화를 맞이하고 있다. 과거에는 경험하지 못한 당뇨병, 고지혈증, 고혈압 같은 질병이 현대인의 삶을 위협하고 있는 것이다. 물론 의료 기술의 발달 덕분에 기본적인 질병으로 인해 사망하는 경우가 점점 줄어들고 있다. 그리고 인류의 수명도 조금씩 늘어나고 있다. 우리나라의 경우 1980~1990년대만 해도 B형 간염에 걸린 간경화 환자나 결핵 환자들을 굉장히 많이 볼 수 있었다. 하지만 현대에 와서 그러한 감염성 질환으로부터 완쾌되는 비율이 크게 늘었다.

지금 우리가 주목해야 할 것은 현대인들이 겪고 있는 질병이다. 대부분 비만과 관련된 문제들이다. 현대의 인류는 과거보다 좀 더 편안하고 안전한 생활을 하기 위한 기술들을 발전시켜왔다.

이제 일상생활에 필요한 활동을 돕는 물건들이 차고 넘친다. 인공 지능이 발전하면서 자동으로 집 안 청소를 해주는 로봇에서부터 식기세척기, 세탁물 건조기 등 집안일을 쉽게 할 수 있는 전기 제품들이 등장해 우리 몸을 크게 움직이는 일이 점점 줄어들고 있다. 그러다 보니 자연스럽게 인류는 과거의 인류보다 점점 더 살이 찌기 시작했다. 과장해서 말하면, 생활의 편리함을 얻은 대신 건강한 신체를 잃은 셈이다. 그리고 이제 비만은 대부분의 사람에게 스트레스로 자리 잡았다.

게다가 예상치 못한 환경적 요인도 비만을 부추기고 있다. 전 세계를 강타한 코로나19로 인해 외출에 제약이 생기면서 많은 사람이 집 안에서만 지내는 시간이 늘어난 것이다. 운동 부족으로 체지방이 늘어나는 것을 토로하는 사람도 늘었다.

더욱이 외식을 하지 못하게 되자 배달 음식을 시켜 먹고 움직이지 않는 바람에 전 국민이 비만을 겪고 있다는 이야기가 나올 정도다. 비단 코로나19와 같은 특수 상황을 고려하지 않더라도 기술의 발달과 생활 습관의 변화로 인해 배달 음식을 시켜 먹는 문화가 우리의 식생활을 점령한 지 이미 오래다.

식생활과 평균 신장의 변화

과거의 우리 선조들이 먹던 음식과 현대인이 먹는 음식을 비교해보면 확연한 차이를 알 수 있다. 수렵 채집 사회에서는 주로 식량을 해결하기 위해 유목 생활을 하며 야생에서 뛰어다니는 동물을 사냥하거나 나무에 열린 열매 위주로 섭취했다. 적은 양의 단백질과 지방, 식이 섬유 중심의 식사를 한 것으로 알려져 있다. 그러다가 곡식을 재배하는 농경 사회로 접어들어 식량을 저장하게 되면서 정착 생활을 시작한다. 본격적으로 단백질과 지방 이외에 탄수화물이 주식으로 대체된 것이다. 이처럼 인간이 먹는 음식의 종류에 따라 생활 방식에도 변화가 뒤따른다.

이러한 식생활의 변화는 현대에 이르러 더욱 빠르게 변화했다. 사회가 발전하고 이동 수단이 발달함에 따라 각 지역에서 생산한 먹거리 이외의 음식을 전 세계인이 섭취할 수 있게 되었다. 그만큼 영양분의 공급원이 되는 생산물이 풍부해졌다. 현대인의 질병이라 불리는 비만이 등장한 것도 이 같은 식생활과 생활 방식의 변화가 불러온 부작용이라고 할 수 있다.

그러한 변화 중 가장 대표적인 것이 인류의 평균 신장이다. 초기 인류는 주로 상위 포식자들이 남긴 사체를 먹는 데 급급했다. 하지만 돌도끼 같은 도구를 만들어내고 집단으로 수렵 활동을 하면서 점점 풍부한 영양소를 섭취하게 되고 활동량이 늘어나 신체 조건이 이전보다 좋아지기 시작했다.

그런데 시간이 흘러 수렵 채집 사회에서 농경 사회로 넘어오면서 변화가 생긴다. 정착 생활을 하게 되면서 자연스레 수렵 채집 사회와는 다른 생활 환경에 적응하기 시작했다. 한곳에 정착하자 유목 생활에 비해 운동량이 줄어들면서 키도 줄어들었다. 다만 수렵 채집 사회에서 농경 사회로 넘어오는 과정에서 수십만 년의 시간이 흐른 까닭에 큰 변화를 체감하지 못했을 뿐이다.

다시 시간이 흘러 산업화를 거치고 현대에 이르러 인류가 섭취하는 영양은 이전과는 비교할 수 없을 만큼 풍부해졌다. 이때부터 인류의 키를 비롯한 신체 발달이 급격히 상승하기 시작한다. 수렵 채집 사회에서 농경 사회로 넘어오는 과정과 비교하면 엄청난 변화의 폭과 속도를 경험한 것이다. 문제는 인류가 섭취하는 영양소의 불균형도 더욱 심각해졌다는 점이다.

이는 우리나라가 농경 사회에서 산업 사회를 거치는 과정을 살펴보기만 해도 인류의 식생활에 얼마나 많은 변화가 일어났는지를 가늠할 수 있다. 한국전쟁 전후만 해도 쌀을 주식으로 했지만, 생산량이 많지 않았던 까닭에 보리나 감자 같은 곡식을 섞어 먹는 혼식이 많았다. 그러나 산업화 이후 대량 생산으로 만들어낸 정제된 쌀과 밀이 등장하면서 영양소 흡수율이 굉장히 높아졌다.

쌀은 정제 과정을 많이 거칠수록 낟알을 감싸고 있는 껍질이 떨어져나간다. 하지만 건강에 좋다는 항산화 성분, 섬유소, 미네랄 같은 쌀의 영양분은 대체로 껍질에 많이 포함되어 있다.

물론 정제되지 않은 쌀을 보리 같은 잡곡과 함께 섭취하면 씹는 시간도 오래 걸리고, 거친 식감에 쉽게 적응하기 힘들다는 단점은 있다. 그러나 껍질과 함께 쌀을 섭취하면 입에서 씹는 시간부터 소화되는 시간까지 전체적으로 소화 흡수에 걸리는 시간이 늘어나 위와 장의 활동을 촉진하는 효과를 기대할 수 있다.

반면에 정제된 쌀을 섭취하면 몸에 좋은 영양소는 이미 도정 과정에서 사라지고 탄수화물의 흡수율만 높아져 결국 혈당이 오르고, 핏속에 남아도는 당을 분해하기 위해 인슐린이 많이 분비된다. 인슐린 농도가 올라가는 현상이 지속되면 인슐린 저항성이 생긴다.

서구권에서 즐겨 먹는 빵도 마찬가지다. 과거에 유럽인들이 즐겨 먹던 빵은 정제되지 않은 밀을 빻아 만든 가루로 만들었기 때문에 빵이 딱딱한 데다 색깔도 진한 갈색에 가까웠다. 그러나 밀을 정제하는 기술이 발달하고 더 고운 가

쌀은 정제 과정을 많이 거칠수록
낟알을 감싸고 있는 껍질이 떨어져 나간다.

루로 만들 수 있는 생산 환경이 조성되면서 흰색에 가까운 빵들이 등장하기 시작했다. 단편적으로 현미밥이 아닌 흰쌀밥이 더 많이 정제된 것처럼, 흰 빵일수록 정제된 밀가루로 만들어진 것이다.

다만 여기서 오해하지 말아야 할 것이 있다. 최근 탄수화물을 극도로 제한하는 다이어트 방법이 많이 등장하고 있다. 하지만 탄수화물 섭취가 몸에 안 좋다는 인식을 바꿔야 한다. 탄수화물은 우리 몸에 꼭 필요한 에너지원이다. 따라서 탄수화물보다는 정제된 쌀로 지은 흰쌀밥이나 흰 빵 그리고 설탕이나 음료수의 과당처럼 혈당을 빠르고 쉽게 높일 수 있는 음식물의 섭취를 조절해야 한다. 그와 더불어 우리 자신도 모르게 섭취하게 되는 기름진 음식을 줄이는 것도 기억할 필요가 있다.

또 산업화 이후 사회가 발전하면서 늦은 밤까지 일을 하거나 잠을 자지 않고 생활하는 시간이 많아졌다. 그로 인해 운동량은 줄어들고, 늦은 시간에 음식을 섭취하는 경우가 많아졌다. 과거 인류에 비해 섭취하는 음식의 양은 많아졌는데 활동량은 급격히 줄어드니 자연스럽게 비만이 문제가 될 수밖에 없는 환경에서 살고 있는 것이다. 건강을 생각한다면 덜 정제된 음식을, 되도록 늦은 밤이 아닌 낮 시간에, 몸을 조금이라도 더 움직일 수 있는 환경에서 섭취하고 운동을 병행하는 것이 건강한 신체를 만드는 데 도움이 된다.

쓰고 말하는 페이지

흰쌀밥이나 흰 빵 그리고 설탕이나 음료수의 과당처럼 혈당을 쉽게 높일 수 있는 음식물의 섭취를 조절해야 한다. 그와 더불어 우리 자신도 모르게 섭취하게 되는 기름진 음식을 줄이는 것도 기억할 필요가 있다.

방치하면 무너지는
대사증후군

소리 없이 죽음을 부르는 현대인의 적, 대사증후군

고혈압, 당뇨, 암, 심근경색, 뇌졸중

현대인이 많이 걸리는 질병을 보면 과거와는 다른 양상을 띠고 있다. 생활 환경이 변하면서 대표적인 질병의 지형에도 변화가 생긴 것이다. 불과 몇십 년 전만 해도 주요 사망 원인이 결핵이나 간염 같은 감염성 질환인 경우가 많았다. 그러나 현대에 이르러서는 만성 질환이라 불리는 고혈압,

당뇨를 비롯해 암, 심근경색과 협심증, 뇌졸중 같은 질병들이 새롭게 등장하고 있다. 물론 최근에 우리 생활을 위협하는 코로나19 팬데믹처럼 불시에 찾아오는 전염성 질환에 대한 대비도 단단히 해둬야 할 것이다.

증상이 없는 병을 어떻게 예방할까?

대표적인 질병과 그 원인이 무엇인지 알면 예방하면 된다. 문제는 현대인이 겪고 있는 만성 질환들의 특징이 겉으로 드러나는 특별한 증상이 없다는 것이다. 그래서 평소에 질병의 징후를 관측하고 예방과 대비책을 마련하기가 매우 어렵다. 게다가 분명한 증상을 보일 때쯤이면 이미 상당한 수준으로 합병증이 진행된 경우가 많아 질병으로 사망하거나 심각한 후유증을 겪게 되곤 한다. 현대인이 앓는 질병들을 두고 소리 없이 찾아오는 질병이라 부르는 것도 그 때문이다.

지난 30년간 현대인의 주요 사망 원인으로 작용한 대표적인 질병을 보면 암, 뇌졸중, 심혈관 질환, 당뇨병으로 좁힐 수 있다. 현대인의 대표 질병이기도 한 다섯 가지 질병,

즉 고혈압, 당뇨병, 암, 심근경색과 협심증, 뇌졸중을 모아 대사증후군이라 부른다.

　대사증후군에 속하는 질병들의 특징은 감염성 질환과 달리 신체 내외부로 확연하게 드러나는 특징이 없다는 점이다. 하지만 몸속에 소리 없이 숨어들어 신체 내부에 변화를 일으키다 나이를 먹거나 특정 질병에 노출될 때, 어느 한 가지 질병으로 나타나는 데서 그치지 않고 합병증을 일으키는 치명적인 원인으로 작용한다. 대사증후군을 일으키는 원인에 '현대인을 죽음에 이르게 하는 죽음의 5중주'라는 별칭이 붙은 것도 그 때문이다.

　예를 들어 대표적 대사증후군인 당뇨병에 대해 알아보자. 2008년에 20세 이상 당뇨병 환자를 분석한 결과에 따르면, 고혈압을 갖고 있는 환자가 54퍼센트, 복부 비만을 갖고 있는 환자가 51퍼센트, 고중성지방혈증을 갖고 있는 환자가 37퍼센트, 저HDL 콜레스테롤 혈증을 갖고 있는 환자가 35퍼센트에 달했다. 이처럼 당뇨병이라는 질병을 앓고 있는 사람은 동시에 다양한 만성 질환도 갖고 있을 확률이 높다.

　특히 당뇨병에 대한 진단 기준이 점점 더 낮아지고 있는 추세다. 특별한 증상이 없는 만큼 평소 혈당을 점검하는 습관을 통해 당뇨를 미리 예방하는 것이 현명하다. 당뇨병을 비롯한 대사증후군이 위험한 이유는 바로 합병증 때문이다.

당뇨병 초기에는 별다른 증상이 없다가도 10~20년 정도 지나면 망막 손상이 일어나고 백내장이 생기다 결국 실명하는 경우도 발생한다. 또 콩팥이 망가져 투석기를 달고 살아야 하는 경우도 있다. 게다가 심근경색이나 뇌졸중 위험도 높아질 뿐만 아니라 비만으로 이어져 암의 발병률을 높인다. 정말 심한 경우에는 다리가 썩어 들어가는 경우도 있다.

똑같은 코로나19 감염에 걸려도 비만하거나 당뇨병, 심혈관 질환을 가지고 있으면 중증으로 발전할 가능성이 높다. 몸의 면역 기능이 떨어져 있고, 혈당이 높은 상황에서 바이러스 증식이 더 잘 이루어지기 때문이다. 이런 감염병 유행 시대에도 대사증후군과 관련 만성 질환을 어떻게 관리해왔느냐가 치명률에 영향을 미칠 정도로 중요하다.

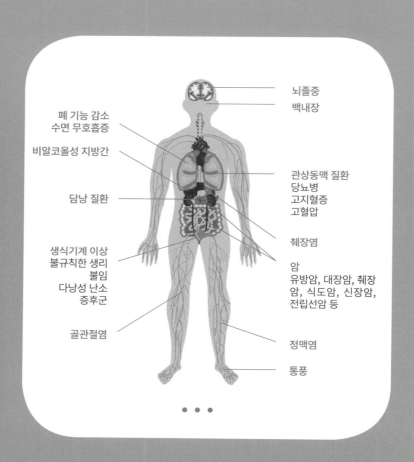

당뇨병 등 대사증후군은 다양한 합병증을 야기한다.

나는 대사증후군으로부터 안전할까?

한편 생활 습관이 건강하지 못한 사람들이 늘어난 까닭에 우리나라 성인 열 명 중 한 명이 당뇨병으로 고생하는 것으로 알려져 있다. 이렇게 우리 몸속에서 특별한 증상을 보이지 않고 숨어 있지만, 우리 몸이 취약해진 틈을 타 합병증을 유발하는 질병들을 관리하기 위해 내놓은 개념이 바로 대사증후군이다.

대사증후군을 진단하기 위한 지표로는 복부 비만도, 혈압, 중성지방, HDL 콜레스테롤, 혈당 수치 등 다섯 가지 항목이 있다.

앞서 말한, 현대인을 죽음에 이르게 하는 죽음의 5중주다. 이 중 세 가지 이상의 항목에서 이상이 보이면 대사증후군을 의심해야 한다. 대사증후군을 간단히 진단할 수 있는 다섯 가지 항목의 기준을 소개하면 다음과 같다.

건강 상태를 확인하는 데 가장 많이 점검하는 혈압은 수축기 혈압과 이완기 혈압으로 나뉜다. 일반적으로 고혈압을 진단하는 기준인 140/90mmHg에 조금 못 미치는 130/85mmHg을 기준으로 측정한다. 만약 수축기 혈압과

혈압 분류	수축기 혈압	확장기 혈압
정상 혈압	< 120	< 80
주의 혈압	120~129	< 80
고혈압 전 단계	130~139	80~89
고혈압 1기	140~159	90~99
고혈압 2기	≥ 160	≥100
수축기 단독 혈압	≥ 140	< 90

대한고혈압학회 분류(2018년)

이완기 혈압 중 하나라도 기준 수치를 웃돌면 대사증후군을 의심해볼 수 있다.

또 비만을 판별하는 데 가장 기본이 되는 복부 비만의 경우에는 허리둘레를 측정한다. 남자는 90센티미터, 여자는 85센티미터 이상일 때 대사증후군을 의심할 수 있다. 그리고 혈액 속에 포함된 포도당의 농도를 재는 혈당의 경우에는 공복 혈당을 기준으로 100mh/dL 이상일 때 대사증후군을 의심한다.

마지막으로 혈액에 떠다니는 지방을 의미하는 중성지방의 경우에는 150mg/dL, HDL 콜레스테롤의 경우 남자는 40mg/dL 미만, 여자는 50mg/dL 미만일 때 대사증후군을 의심해볼 수 있다. 우리 몸속에 있는 콜레스테롤의 한 종류이면서 예외적으로 우리 몸에 좋은 물질인 HDL 콜레스테롤 수치는 높을수록 동맥경화를 예방하는 효과가 있다.

만성 질환으로부터 나를 지키는 법

문제는 대사증후군을 앓고 있다 해도 별다른 징후나 증상이 없다는 것이다. 특히 우리나라 20세 이상 성인을 기준으로 30퍼센트에 가까운 사람이 대사증후군을 가지고 있는 것으로 분석하고 있다. 나이가 많아질수록 그 수치가 늘어 65세 이상의 경우에는 대략 50퍼센트의 사람이 대사증후군에 해당한다.

조금 과장되게 말하면, 한국인 누구라도 대사증후군에 걸릴 가능성이 있고, 현재 징후가 없더라도 언젠가는 대사증후군으로 발전할 위험에 놓여 있다. 대사증후군에 해당하는 사람은 대사증후군 진단 기준 두 개 이하에 속하는 사람보다 심혈관 질환 발병률이 2배 이상 높다고 한다. 또 보통의 건강한 사람보다는 3~6배가량 높다고 한다.

특히 우리 몸의 인슐린 저항성을 높여 당뇨병으로 발전

할 확률도 매우 높다. 암 발병률에 관한 연구에 따르면 대장암, 유방암, 갑상선암, 전립선암 등으로 발전할 가능성이 높다고 한다.

이처럼 현대인에게 대사증후군이 급격히 늘어난 이유로 식생활과 생활 습관의 변화를 꼽는다. 우리나라의 경우, 한국전쟁 이후 베이비붐 세대와 밀레니얼 세대를 지나오면서 생활의 엄청난 변화를 경험하고 있다. 불과 반백 년 사이에 110달러밖에 되지 않던 국민총소득이 2만 8,000달러에 이를 만큼 성장하면서 식생활에도 큰 변화가 찾아왔다.

게다가 식사량, 음식의 종류뿐만 아니라 풍족한 생활과 의료 기술 덕분에 수명이 점점 늘어나면서, 그동안 우리가 경험하지 못한 대사증후군 같은 질병의 징후들도 하나둘 늘어나고 있는 실정이다.

의료 기술이 아무리 발전해도 자신의 몸에서 일어나고 있는 변화를 감지하지 못한다면 그림의 떡일 뿐이다. 평소 꼼꼼하고 확실한 관리를 통해 혈압과 당뇨, 중성지방과 콜레스테롤, 허리둘레 같은 기본적인 건강 진단 지표들을 점검하는 자세가 더욱 중요하다.

특히 정기적으로 건강 검진을 받는 것이 중요하다. 국민

건강보험공단에서 실시하는 기본적인 검진 이외에도 종합 건강 검진을 통해 각종 암이나 성인병을 조기에 발견한다면 자신도 모르게 갖고 있는 만성 질환을 파악하는 것은 물론, 합병증으로 발전할 수 있는 2차 질환까지 예방할 수 있다. 모든 질병은 예방이 가능하다.

의료 기술이 아무리 발전해도 자신의 몸에서 일어나고 있는 변화를 감지하지 못한다면 그림의 떡일 뿐이다. 혈압과 당뇨, 중성지방과 콜레스테롤, 허리둘레 같은 기본적인 건강 진단 지표들을 점검하자.

LESSON 05

비빔밥도 중성지방을 높이고
비만의 원인이 될 수 있다

혈관을 떠도는 나쁜 지방들

건강 정보에 관심을 갖고 있는 사람이라면 콜레스테롤과 중
성지방에 대해 이미 한 번쯤 들어봤거나 어느 정도 사전 지
식을 갖고 있을 것이다. 이미 오래전부터 콜레스테롤과 중
성지방에 대해서는 많은 정보들이 공개되어 있다. 복습하는
차원에서 콜레스테롤과 중성지방에 대해 살펴보고 넘어가

고자 한다.

콜레스테롤은 고대 그리스어에서 담즙을 의미하는 '콜레chole-', 고체를 의미하는 '스테레오stereo-', 알코올을 의미하는 접미어 '올-이'의 합성어로, 스테로이드 계열의 유기물질이다.

정기 건강 검진을 할 때는 주로 총콜레스테롤, 중성지방, HDL 콜레스테롤High-density lipoprotein cholesterol, LDL 콜레스테롤Low-density lipoprotein cholesterol 등 네 가지 성분의 지질을 측정한다. LDL 콜레스테롤은 상대적으로 크기가 작아 혈관 벽에 달라붙기 쉽고, 혈관 벽에 염증을 일으켜 동맥경화를 가속화하는 주요 원인이다.

반면 HDL 콜레스테롤은 수치가 높을수록 혈관 벽에 쌓인 콜레스테롤을 간으로 운반해 정화하는 역할을 한다. 다른 콜레스테롤과는 반대로 수치가 높을수록 우리 몸에 좋은 콜레스테롤이다. 보통 40mg/dL 미만이면 심혈관 질환 발병 위험이 높아지고, 60mg/dL 이상이면 발병 위험을 감소시킨다.

지방이 혈관을 돌아다니는 이유

중성지방은 우리가 음식을 통해 섭취한 당질과 지방산이 간에서 합성된 것으로, 혈액 속에 떠돌아다니는 기름 덩어리라고 생각하면 된다. 주로 많은 열량을 섭취하거나 당질을 많이 섭취할 때 그 수치가 높아진다.

중성지방이 혈액 속을 떠돌아다니는 것은 근육이나 말초 장기에 에너지원을 공급하기 위해서다.

체내의 지방 세포처럼 에너지원으로 쓰이기 때문에 공급이 많아지면 에너지원으로 다 쓰이지 못한 중성지방이 혈관 내에 쌓여 우리 몸에 이상지질혈증을 일으키는 원인이 된다. 또 중풍이나 기타 질병을 일으키는 것으로 알려져 있다.

총콜레스테롤 200mg/dL 이상
중성지방 150mg/dL 이상
HDL 콜레스테롤 40mg/dL 이하
LDL 콜레스테롤 130mg/dL 이상

이상지질혈증 진단 기준

또한 인슐린 저항성이 중성지방과 밀접한 관련이 있는 것으로 알려져 있다. 인슐린 저항성이 있으면 혈액 속에 떠돌아다니는 중성지방에서 기름을 빼내 지방 세포로 흡수되는 것을 막고 간이나 근육으로 지방이 제공되는 것을 막는다. 따라서 중성지방 수치가 높거나 혈당이 높으면 당뇨병으로 넘어가는 신호라고 볼 수 있다.

이쯤에서 눈치 빠른 독자라면 대사증후군을 진단하는 지표 중에 LDL 콜레스테롤과 인슐린 저항성이 빠진 이유를 궁금해할 것이다. 그 이유는 생각보다 간단하다. 비만이 개선된 이후에도 수치 변화의 폭이 작기 때문이다. 살이 빠지면 상대적으로 HDL 콜레스테롤의 수치는 높아지고 중성지방의 수치는 낮아진다. 반면 LDL 콜레스테롤의 수치에는 별다른 변화가 없다.

안타깝게도 콜레스테롤 수치의 변화는 자가 진단을 하기가 매우 어렵다. 우리 신체에 눈에 띄는 변화를 일으키는 원인이 아니기 때문이다. 주로 10~20년에 걸쳐 고지혈증이 발생해 동맥경화 증상이 서서히 나타나기 시작하면 합병증의 형태로 비로소 문제를 일으킨다.

대체로 혈관이 막히거나 좁아지면서 혈액이 원활히 공

급되지 않아 다른 질병으로 인한 증상을 더욱 악화시키는 원인이 되기도 한다. 게다가 겉으로 드러나는 증상이 없어 치료 시기를 놓치기 일쑤다. 심한 경우에는 신체 마비를 일으키기도 한다.

나물과 달걀은 죄가 없다

혈중에 콜레스테롤과 중성지방이 쌓이는 것을 예방하려면 병원에서 주기적으로 검사를 받는 것이 우선이다. 본인이 직접 신체 변화를 느낄 수 없으므로 반드시 이상지질혈증에 관한 검사를 통해 혈액 내 지질의 정도를 점검해야 한다. 특히 LDL 콜레스테롤과 중성지방을 줄이도록 신경 써야 한다.

중성지방의 증가와 감소는 음식과 밀접한 관련이 있다. 무엇보다 기름진 음식을 줄여야 한다.

우리나라 음식 중에도 생각지 못하게 기름진 음식이 많다. 대표적인 의외의 음식이 비빔밥이다. 나물과 밥을 함께 비벼 먹는 건강한 음식으로 널리 알려져 있지만 참기름을 얼마나 넣어 먹느냐에 따라 지방의 함량이 천차만별이다.

또 비빔밥과 비슷한 음식으로 김밥도 참기름을 듬뿍 발라 먹는다면 기름진 음식으로 쉽게 탈바꿈해버린다.

대체로 한식의 차림상에 자주 올라오는 식재료를 보면 자연에서 채취한 나물류가 많다. 하지만 기름기가 없어 먹기에 다소 거친 식감 때문에 다양한 조리법이 활용된다.

대표적인 예가 참기름으로 버무리는 것이다. 기름 성분이 식감을 높여주고 풍미까지 더해 과식을 부르는 주범이 된다.

간혹 콜레스테롤이 높다고 오해받는 음식도 있다. 예전부터 의학계에서는 중성지방과 콜레스테롤이 함유된 음식을 경계하는 식단을 강조해왔다. 그런데 대표적으로 달걀은 혈중 콜레스테롤을 높이는 식재료라는 오해를 받아왔다.

달걀노른자에 콜레스테롤 함유량이 높아 음식으로 섭취했을 때 체내 콜레스테롤 수치를 올릴 것이라고 생각한 것이다. 연구 결과 달걀의 콜레스테롤은 웬만큼 먹어도 큰 영향이 없는 것으로 밝혀졌다.

건강한 성인의 경우 일주일에 일곱 개까지 먹어도 심혈관 질환의 위험을 높이지 않는 것으로 보고되고 있다. 하지만 일부에서는 당뇨병 환자의 경우 달걀을 주당 일곱 개까

비빔밥은 나물과 밥을 함께 비벼 먹는 건강한 음식으로 널리 알려져 있지만
참기름을 얼마나 넣어 먹느냐에 따라 지방의 함량이 천차만별이다.
한편 달걀은 혈중 콜레스테롤을 높이는 식재료라는 오해를 받아왔다.

지 먹으면 심혈관 질환 위험을 높인다는 보고도 있다.

반면 그렇지 않다는 연구 결과도 있어 쉽게 결론을 내리기는 어렵다. 하지만 적어도 그 위험이 크지 않다고 짐작할수 있다. 그래도 콜레스테롤 섭취가 걱정된다면 달걀흰자는 콜레스테롤 함량이 낮으니 흰자를 위주로 섭취하면 될것이다.

한 가지 주의할 것이, 달걀을 어떻게 요리해 먹느냐도중요하다. 외국에서는 달걀을 베이컨이나 햄, 소시지와 함께 요리해 먹는 경우가 많다. 달걀만 섭취한다면 괜찮겠지만, 이런 요리 형태로 인해 혈중 콜레스테롤 농도가 높아질수 있다.

혈압 약과 혈당 약에 대한 오해

LDL 콜레스테롤은 음식으로 섭취하는 지방의 영향을조금 덜 받는다. 다만 선천적으로 체내 콜레스테롤 수치가높은 사람들이 있다. 그런 사람들은 음식 섭취량을 줄여도콜레스테롤 수치가 떨어지지 않는다.

처음에는 콜레스테롤이 많이 함유된 음식과 기름진 음

식을 줄이는 식이 요법을 몇 개월간 해보고, 그래도 수치가 떨어지지 않을 때는 운동 요법을 병행한다. 그리고 예방 차원에서 약을 복용하는 것이 좋다. 콜레스테롤로 인한 우리 몸의 변화는 지금 당장 일어나는 것이 아니라 5년, 10년 이상 지나야 나타나기 때문에 장기적인 관리가 필요하다.

그런데 간혹 고혈압이나 고지혈증 같은 심혈관 질환을 치료하기 위해 약물을 복용하는 환자들 중에 평생 약을 먹어야 하는 것을 걱정하는 분들이 있다. 고혈압 약을 한번 먹기 시작하면 평생 먹어야 한다는 생각에 자칫 혈관에 무리가 가거나 신체 장기에 이상이 생기는 것은 아닌지 걱정하는 것이다.

앞서도 말했지만, 동맥경화나 고지혈증 같은 질병은 신체적으로 나타나는 증상이 굉장히 미미하다. 오죽하면 고혈압과 같은 질병에 소리 없이 죽음을 부르는 5중주라는 별명이 붙었겠는가. 일상생활을 하는 데 지장이 있는 증상이 없기 때문에 자칫 간과하기 쉬운 질병들이다.

고혈압, 당뇨병과 같은 질병은 아주 심하게 나빠진 상태가 아니면 대부분 증상이 없다. 자신이 병에 걸렸는지도 모르고 있다가 검진을 통해 발견하는 경우가 많다. 이때 의사가 약을 처방하면 대부분 망설인다. 주변 사람들로부터 그런 약을 한번 먹기 시작하면 평생 먹어야 하는 데다 끊을 수도 없으니 주의하라는 충고를 듣기도 한다. 이런 과정에서 부담을 느껴 차라리 운동과 식사 요법으로 열심히 조절하겠다 생각하고 약 복용을 거부하는 사례가 꽤 있다.

그래도 일말의 불안한 마음에 몸에 좋다는 건강 기능 식품이나 영양제를 사 먹는 경우를 흔히 본다. 그러나 곰곰이 따져보면 이야말로 위험한 행동이다.

의사가 약을 처방했을 때는 병이 어느 정도 진행되었다는 이야기다. 고혈압, 당뇨병은 치료제가 없다. 이 약들은 치료제가 아니라 심각한 합병증을 예방하기 위해 혈압과 혈당을 조절하는 약이다. 그러므로 필요한 경우에는 오랜 기간 먹는 것이 합병증 예방에 효과적이다.

주변에서 이런 이야기를 하는 이들이 있다면 다른 사람들에게는 그런 소리 말라고 한마디해주는 것이 좋다. 특히 요즘 같은 코로나19 팬데믹 시대에 혈당 관리를 제대로 못하면 감염 후 중증으로 쉽게 넘어가므로, 목숨까지 위험에 빠뜨리는 해를 끼칠 수 있기 때문이다.

그리고 당뇨병에 고혈압까지 함께 갖고 있는 경우 콜레

스테롤 관리뿐만 아니라 나트륨 관리도 병행해야 한다. 혈압은 나트륨을 줄이면 조금 떨어지는 경향이 있다. 그런데 고혈압 환자 중 30~40퍼센트 정도는 나트륨에 대한 민감도가 다른 사람에 비해 굉장히 높은 편이다. 또 우리나라 음식은 대부분 나트륨이 유독 많이 포함되어 있어서 자신이 권장 섭취량보다 많은 나트륨을 섭취하고 있는 줄도 모르는 경우가 많다.

대표적인 예가 김치다. 유산균이 살아 있는 음식의 대표격인 김치는 고춧가루의 매운 성분이 혀의 통각을 자극해 다른 맛에 둔감해지게 만드는 역할을 한다. 이 때문에 김치를 먹으면서 짜다고 느끼지 못하지만, 짠 음식이 분명하다.

또한 라면 섭취량이 세계 1위일 정도로 우리나라 사람들은 라면을 많이 먹는다. 라면 한 봉지에 포함된 나트륨도 이미 세계보건기구에서 정한 '하루' 권장량인 2,000밀리그램에 이르는 제품들이 많다.

대부분의 사람이 김치나 라면 같은 음식에 들어 있는 나트륨에 길들여져 짠맛에 대한 역치가 높아져 있는 상태다. 자극에 대한 역치는 충분히 낮출 수 있는 문제다. 특히 고혈압이 있는 사람은 나트륨 섭취량을 낮추는 것이 필수다. 그

리고 고혈압이 아니더라도 하루 나트륨 섭취량을 조금씩만
줄여도 건강에 큰 도움이 될 것이다.

쓰고 말하는 페이지

중성지방이 쌓이는 것을 예방하려면 주기적으로 병원에서 검사를 받는 것이 우선이다. 본인이 직접 신체의 변화를 느낄 수 없으므로 반드시 이상지질혈증에 관한 검사를 통해 혈액 내 지질의 정도를 점검해야 한다.

"

LESSON 06

뚱뚱한 사람이
암에 더 잘 걸릴까?

비만이 부르는 만성 질환들

건강의 기본은 질병의 원인을 알고 예방하는 것이다. 그리

고 원인을 알아야 식생활을 바꾸든 생활 습관을 바로잡든

질병에 대처할 수 있다. 더구나 만성 질환처럼 평소에는 별

다른 이상 징후 없이 우리 몸속에 존재하고 있어 크게 관심

을 두지 않다가 어느 순간 생명을 위협할 만큼 건강을 좀먹

고 결국 사망에 이르게 하는 증상들은 건강의 기본을 무시하고 제대로 지키지 못해 발생하는 경우가 대부분이다. 생활 습관병이라고 부르는 고혈압, 당뇨병, 비만, 고지혈증, 동맥경화증, 협심증, 심근경색, 뇌졸중 등이 대체로 이러한 잘못된 생활 습관에서 비롯된다. 그리고 이러한 건강의 위험성을 증가시키는 다섯 가지 요소, 즉 복부 비만, 혈압, 중성지방, HDL 콜레스테롤, 혈당 중 세 가지 이상에 문제가 있으면 대사증후군이라고 부른다.

지방 세포, 비만 그리고 만성 질환

현대인이 고질적으로 앓는 만성 질환을 유발하는 인자가 무엇인지를 알고 대비하면 대사증후군을 극복할 수 있다. 현대인의 만성 질환을 유발하는 대표 원인으로 지목되는 것이 바로 비만이다. 미국 매사추세츠 의학협회가 발간하는 《뉴잉글랜드저널오브메디슨》에 발표된 논문에 따르면, 뚱뚱한 사람일수록 암 발생률이 높다고 한다.

또 나와 연구진이 국내에서도 건강보험공단과 국립암센터의 도움으로 약 100만 명에 가까운 사람들의 빅데이터를 분석한 결과, 뚱뚱한 사람일수록 유방암과 대장암, 자궁내막암, 갑상선암, 신장암 등의 발병률이 우리 한국인에게서도 높은 것을 발견했다. 그런데 국내 데이터에서는, 흥미로운 점을 볼 수 있었다. 미국인과 같은 수준의 비만도를 보이지 않는 사람들도 암 발병률이 비슷했다는 점이다. 또 신체 비만 지수와 상대 위험도를 분석한 자료를 보면, 뚱뚱해질수록 심근경색증의 위험이 급격히 증가하는 모습을 확인할 수 있다.

비만은 인류가 진화를 통해 얻은 산물과도 같다. 인류를 비롯한 생명체가 체내에 영양분과 에너지를 저장하기 위한 방식으로 진화했다는 것은 앞에서도 언급한 바 있다.

영양분과 에너지를 저장하기 위한 매개체가 지방이고, 지방을 저장하고 있는 세포가 바로 몸속 지방 세포들이다. 즉 지방은 우리가 살아남기 위해 반드시 갖춰야 할 필수 생존 키트인 셈이다.

문제는 인간이 살아가는 환경이 점점 더 안정화되고, 영양분을 섭취할 수 있는 음식의 종류가 늘고 질 또한 좋아진다는 점이다. 그만큼 인간이 생존에 필요한 양 이상의 영양분을 섭취하고 있다는 의미다. 무엇이든 넘치면 문제가 생

비만은 인류가 진화를 통해 얻은 산물과도 같다.

인류를 비롯한 생명체는

체내에 영양분과 에너지를 저장하기 위한 방식으로 진화해왔다.

기는 법이다. 인간의 몸에 흡수된 영양분이 많아지면서 지방 세포들이 인간의 몸에 비만이라는 문제를 야기했고, 다양한 질병을 일으키기 시작했다. 비만으로 인한 문제는 인간의 머리끝부터 발끝까지 구석구석 파고들었다.

먼저 뇌졸중을 유발하고, 백내장을 비롯해 눈의 안압을 상승시키는 것도 비만과 관련이 있다. 또 몸이 비만해지면 폐를 압박해 폐의 확장을 방해한다. 이때 만약 천식 증상을 갖고 있다면 호흡 조절에 어려움을 겪게 된다. 그뿐만 아니라 수면 중에 폐가 압박되면 갑작스러운 수면 무호흡증을 겪다가 사망에 이르는 경우도 보고되고 있다. 수면 무호흡증은 비만 환자의 급사 원인이다. 비만은 위와 식도에도 영향을 준다. 몸이 비대해지면 위와 식도의 경계에 있는 괄약근에 압박을 주어 위산의 역류 현상이 심해진다.

최근에 역류성 식도염으로 고생하는 환자들이 늘어나는 것도 비만과 관련되어 있다고 볼 수 있다. 심한 경우 식도암도 유발할 수 있다. 또한 비만은 간에도 많은 영향을 준다. B형 간염이 아니더라도 지방간을 유발해 간암으로 이어질 확률을 높이기도 하고, 대장이나 췌장에도 영향을 주어 암을 유발할 수 있다.

비만은 신체 장기뿐만 아니라 신체를 떠받치고 있는 관절에도 영향을 준다. 우리 몸을 지탱하고 있는 두 다리도 비만의 영향에서 자유롭지 못하다. 적절한 운동을 통해 근력을 키우지 않는 이상, 몸무게가 1킬로그램 늘어날 때마다 무릎에서 받는 하중이 늘어나 우리 몸에 무리가 된다. 그러다 보니 나이가 들거나 체중이 늘수록 관절염은 당연히 따라오게 된다. 실제로 무릎 관절이 안 좋은 경우 치료를 병행하는 것도 중요하지만, 체중을 줄이는 것만으로도 무릎 통증이 많이 줄어든다.

또한 비만은 통풍이나 정맥염을 유발한다. 특히 여성의 경우 불임이나 다낭성 난소 증후군polycystic ovarian diease과 같은 장애를 일으키는 원인으로 비만이 지목되기도 한다. 이외에도 심근경색, 당뇨, 고지혈증과 같은 대사증후군의 주원인으로 비만이 거론된다.

왜 암 발병률이 급격히 늘었을까?

비만은 현대인의 사망 원인 중 1위로 알려진 암의 발병 패턴까지 바꾸고 있다. 불과 10~20년 전만 해도 높은 흡연율을 반영하듯 폐암의 발병률이 매우 높았다. 또 B형 간염 바이러스가 간암으로 발전하거나 헬리코박터균 감염에 의해 위암이 발병하는 경우가 대부분이었다. 하지만 최근에는 폐암, 간암, 위암 같은 대표적인 암보다는 유방암이나 대장암 같은 서구형 암이 국내에서도 빠른 속도로 증가하고 있다.

예를 들어 1980~1990년대만 해도 환자가 변이 평소보다 가늘어졌다고 하면 "아마 과민성 대장 증후군일 거예요"라고 말한 뒤 경과를 지켜봐도 큰 문제가 없었다. 하지만 요즘에는 대장암 환자가 늘어 변이 가늘어지거나 다른 증상이 있다고 하면 대장 내시경을 반드시 해봐야 할 정도로 대장암 환자가 늘었다.

또 예전에는 여성들이 가슴에서 딱딱한 무언가가 만져진다고 해도 섬유선종fibroadenoma이나 섬유낭종 fibrocystic diease처럼 양성 결절이 많았지만 최근에는 유방암 환자가 늘어 반드시 유방 촬영, 초음파나 조직 검사를 통해 유방암 여부를 확인한다.

암 발병률과 종류를 다양하게 만든 원인으로 지목되는 비만의 원인은 여러 가지다. 그러나 가장 중요한 원인은 식생활의 변화일 것이다. 과거와 비교해 우리가 평소 섭취하는 음식 중에 기름진 음식과 당 지수가 높은 음식의 비중이 높아졌다는 점은 명백한 원인으로 지목된다. 그와 더불어 신체 활동의 저하와 스트레스 증가, 수면 부족 등이 복합적으로 작용해 우리 몸을 뚱뚱하게 만들었다.

성인 비만도 문제지만, 청소년기에 비만해지는 비율이 과거에 비해 매우 빠르게 늘고 있다. '2018 국민건강통계'에 따르면, 2010에서 2012년 사이 10.2퍼센트였던 소아청소년 비만율이 2016년에서 2018년 사이에는 11.5퍼센트로 증가했다. 또한 남자 아이들의 비만율이 12.3퍼센트로 여자 아이들의 10.8퍼센트보다 높았다.

20~30대 연령층에서도 고도 비만이나 초고도 비만의 비율이 급격히 늘어나고 있다. 2000년대 초반의 자료와 비교해볼 때 패스트푸드의 소비가 증가하고 신체 활동이 감소하는 등의 원인으로 성인이 된 이후에도 쉽게 조절하지 못하는 고도 비만으로 발전한 것으로 볼 수 있다.

한편 최근에는 코로나19로 인해 등교하지 못하는 기간이 장기화되고 외출도 할 수 없는 탓에 소아 비만이 급격히 늘고 있는 추세다.

뚱뚱하지 않아도 안심할 수 없다

최근에는 마른 비만에 대한 관심도 높아지고 있다. 마른 비만은 겉으로 보기에는 뚱뚱하지 않기 때문에 자칫 건강 관리의 사각지대에 놓이기 쉽다.

하지만 마른 비만도 일반적인 비만과 마찬가지로 혈당과 혈압 수치가 높게 측정되며, 핏속의 중성지방이 높고, HDL 콜레스테롤이 낮게 측정된다.

이처럼 뚱뚱하지 않은 마른 비만인의 경우에도 비만인과 마찬가지로 심혈관 질환이나 당뇨의 발병률이 높은 편이다. 또 나이가 들수록 체내 근육이 소실되고 체지방률이 높아지면서 정상 수준에서 마른 비만으로 돌아서는 경우가 늘고 있다.

하지만 절대로 비만을 없애기 위해 쉽고 간단한 방법을 택하는 실수를 범하지 않는 것이 좋다. 신체의 모든 장기와 세포들은 우리 식생활과 생활 습관에 적응한다. 지금 고도 비만이나 초고도 비만을 겪고 있다면 비만이 되기까지의 원인이 반드시 존재한다는 의미다. 자신의 일상생활을 돌아보는 과정을 통해 비만의 원인을 찾고, 근본적인 해결책으로 비만을 해결하려는 자세가 필요하다.

가장 기본적인 방법은 식사 일기를 쓰면서 자신이 평소에 무엇을 먹고 어떤 영양소가 넘치고 부족한지를 파악하는 것이다. 하루에 섭취하는 모든 식품을 빠짐없이 기록하는 습관을 기르면 좋다. 바로 그 기록을 토대로 자신이 하루에 섭취하는 열량을 파악하고 조절할 수 있다.

평균적으로 하루 500칼로리를 줄인다고 할 때 대략 일주일 후면 0.5킬로그램씩 체지방을 줄일 수 있다. 그러나 1,200칼로리 이하로 섭취 열량을 줄이는 것은 권하지 않는다. 미세 영양소의 불균형을 초래하기 쉽기 때문이다.

보통 남자의 경우 1,400~1,700칼로리, 여자의 경우 1,200~1,500칼로리 정도로 목표를 정하고, 체중 변화와 신체 적응 정도에 따라 목표를 수정하는 것이 좋다.

신체의 모든 장기와 세포들은 우리 식생활과 생활 습관에 적응한다. 지금 고도 비만이나 초고도 비만을 겪고 있다면 비만이 되기까지의 원인이 반드시 존재한다는 의미다.

깡마른 체형도 알아야 할
비만의 진실

LESSON 07

아이부터 어른까지
지방 세포도 유행을 따른다

건강하다는 것과 아름답다는 것

질병과 건강에 대한 이야기에서 결코 빠지지 않는 주제가
바로 비만과 다이어트다. 요즘 유행하는 말처럼, 다이어트
를 한 번도 하지 않은 사람은 있어도, 한 번만 해본 사람은
없다고 해도 무방할 만큼 남녀노소 누구나 관심이 있다. 또
너무 마르면 저체중, 너무 뚱뚱하면 고도 비만 내지는 초고

도 비만으로 분류할 만큼 비만을 바라보는 시각 또한 세분화되어 있는 것도 사람들의 관심을 더욱 부추긴다. 심지어 객관적 지표로 보았을 때 비만을 염려하지 않아도 될 사람들 중에 병적으로 다이어트에 관심을 갖고 실천하는 사람들이 너무 많다.

다이어터들의 영원한 딜레마, 지방

요즘 소셜 미디어에서 이른바 '프로아나', '먹뱉 다이어트' 같은 것들이 유행한다고 한다. 프로아나는 찬성을 의미하는 '프로pro'와 거식증을 의미하는 '아노렉시아anorexia'의 합성어인데, 의미대로 해석하면 거식증을 추구하는 현상을 말한다. 소셜 미디어상에서 하나의 유행처럼 받아들여지고 있다는 점에서 매우 심각한 문제다.

먹뱉 다이어트도 프로아나와 마찬가지로 음식물을 먹는 척만 할 뿐 섭취하지 않고 뱉어낸다는 의미다. 이런 방법들은 결코 건강에 도움이 되지 않을뿐더러 음식을 게워내는 과정에서 소화액이 식도를 상하게 하거나 구강 구조에도 영향을 줄 수 있다. 무엇보다 이런 비이성적인 방법으로 살을 무리하게 빼는 것은 자신을 학대하는 것이나 다름없다. 아름다움을 챙기기 전에 건강부터 챙겨야 한다는 개념을 확실히 인지해야 한다.

나는 의과대학 시절 비만에 대한 강의를 처음 들었다. 한 시간 정도 생화학과 교수님의 강의를 들었다. 임상영양학 강의였는데 비만에 대한 내용도 있었다. 1980년대였으니 비만 환자가 적었고, 비만 세포에 대한 이해도 많이 부족할 때였다.

그러다 보니 특별히 기억에 남는 내용도 없고 뭔가 뜬구름 잡는 듯한 이야기를 들었던 것 같다. 그러나 1990년대 후반에 들어서는 완전히 분위기가 반전되었다. 지방 세포가 어떤 세포인지 조금씩 밝혀지기 시작했기 때문이다.

지방 세포가 단순히 에너지 저장소가 아니라 우리 몸의 에너지 상태에 따라 다양한 신호를 주고받는 내분비 기관이라는 사실이 밝혀진 것이다.

지금은 지방 세포가 에너지 저장만 하는 세포라고 생각하는 사람은 거의 없다. 지방 세포는 수십 가지 신호를 만들어 주고받는 기관으로서 우리 몸의 에너지 저장과 식욕 조절, 대사 반응 조절에 매우 중요한 기관이다.

더불어 줄기세포에 대한 지식이 축적되면서, 비만학 분야에서도 많은 변화가 생겼다. 얼마 전까지만 해도 어린 시절에만 지방 세포 수가 늘어나고, 성인이 되면 지방 세포 수는 늘어나지 않고 단지 두꺼워질 뿐이라는 것이 정설이었다. 하지만 우리가 지속적으로 지나치게 많은 열량을 섭취했을 때, 이를 해결하기 위해 줄기세포에서 지방 세포로의 분화가 촉진되어 성인이 되어서도 지방 세포가 늘어난다는 사실이 밝혀졌다. 특히 고도 비만으로 넘어갈수록 이런 영향이 크다.

갈색 지방 세포와 백색 지방 세포

줄기세포에서 분화되는 지방 세포에 대해 좀 더 살펴보자. 지방 세포는 크게 백색 지방 세포와 갈색 지방 세포로 나뉜다. 우리가 일상생활에서 흔히 이야기하고, 이 책에서도 지금까지 언급한 지방 세포는 백색 지방 세포다.

백색 지방 세포는 에너지 저장, 단열 작용을 통한 체온 유지, 충격으로부터의 완충 작용, 여러 가지 신호 물질을 보내는 내분비 기관으로서의 역할을 충실히 하는 세포다. 반면 갈색 지방 세포는 저장이 아니라 에너지를 발산하는 지방 세포다.

동물들은 필요에 따라 갈색 지방 세포를 줄기세포로부터 분화시켜 추운 겨울을 견디는 데 사용한다. 특히 우리 몸에서 사용하는 직접적인 에너지원은 ATP인데, 갈색 지방 세포에서는 영양소 분해를 통해 ATP를 생성하지 않고 바로 열로 생성한다. 그런 방식으로 열이 생성되어 추운 환경에서도 체온이 떨어지지 않고 생존할 수 있는 것이다.

얼마 전까지만 해도 인간은 소아 시절에만 갈색 지방 세포가 발현되는 것으로 알려져 있었다. 그러나 최근 연구 결과에 의하면, 성인에게서도 발현되는 것으로 밝혀졌다. 우리의 체온이 떨어질 만한 상황에서는 언제든 발현될 수 있다는 사실이 밝혀진 것이다. 게다가 더 흥미로운 점은, 평소에는 백색 지방 세포처럼 활동하다가 추운 환경에 노출되면 세포 내 미토콘드리아를 증식시키고 마치 갈색 지방 세포처럼 활동하는 세포가 발견된 것이다.

백색 지방 세포와 갈색 지방 세포의 특성을 모두 갖추고 있어, 이들 색의 중간인 베이지색 지방 세포라고 부르는 세포들이다. 우리가 추운 곳에서 운동을 하면 이 베이지색 지

방 세포와 갈색 지방 세포가 활성화되어 에너지 발산을 돕
는다.

이렇듯 지방 세포는 단순한 세포가 아니라 환경에 따라
적응하면서 다양한 역할을 한다. 게다가 필요에 따라서는
에너지를 지방 형태로 저장하거나 체온을 유지하기 위해 지
방을 분해해 열 형태로 제공하기도 한다.

따라서 비만과 지방 세포에 대한 정확한 이해와 적절한
해결 방식을 갖춰야 한다. 특히 오늘날 우리 사회에서 비만
과 다이어트에 대한 접근 방식을 세대별로 구분해 살펴볼
필요가 있다. 인간의 지방 세포가 영양분과 에너지를 저장
하기 위해 진화해왔다는 것에 대해서는 거듭 강조했다. 그
런데 오늘날 사람들의 몸속 지방 세포를 분석해보면 세대별
로 그 특성이 조금씩 다르다는 사실을 발견하게 된다.

예를 들어 50대 이상의 몸속 지방 세포를 분석해보면 몸
집을 키우는 데 필요한 능력을 갖추고 있지 않은 듯하다.
아마도 이 사람들은 어린 시절부터 지방을 섭취하는 데 취
약했던 것이 원인으로 의심해볼 만하다.

보통 우리가 섭취하는 음식에는 비중의 차이만 있을 뿐
일정량의 지방이 포함되기 마련이다. 만약 체내 지방 세포

에서 지방을 흡수하는 기능이 떨어지면, 지방의 상당량이 혈액을 타고 우리 몸속을 떠다니게 된다. 몸속을 떠돌아다니는 지방은 간에 이르러 지방간을 만들기도 하고, 근육에 박혀 문제를 일으키기도 한다. 간과 근육은 인슐린이 작용하는 주요 기관이다. 만약 이 기관들에 지방이 쌓이면 인슐린이 제대로 작동하기가 어려워지고, 그러다 보면 인슐린 저항성이 생긴다.

줄기세포는 주로 나이가 어린 시기에 활성화된다. 이 시기에 지방이나 칼로리가 높은 식품을 먹으면 이들이 혈액 속을 떠다니게 되고 지방 세포가 이를 청소해서 내부로 받아들이기 위한 여러 준비를 하기가 쉬워진다. 그래서 10대와 20대에 기름진 음식에 많이 노출될수록 지방 세포가 두꺼워지는 능력이 강화된다.

반면에 50대 이상의 세대는 어릴 때 기름진 음식에 노출된 경험이 별로 없기 때문에 지방 세포가 두꺼워지는 능력이 떨어진다.

혈액 속 지방을 지방 세포 내에 받아들이는 능력이 떨어지면서, 남은 지방은 혈액 속에 남아 있거나 간 또는 근육 같은 곳에 비집고 들어가 축적된다. 그러다 보니 조금만 뚱뚱해져도 인슐린 저항성이 심해진다. 이렇게 10대나 20대들의 지방 세포가 50대의 지방 세포와 다른 특성을 가지게 된 것처럼 비만에 대처하는 방식도 연령별로 달라져야 한다는 점을 기억하자.

최근에는 특정 부위의 지방만 흡입하는 방식의 다이어트도 등장했다. 자신의 몸에 대한 이해 없이 빠르게 결과만 얻으려는 조급함에서 비롯한 방법들일 것이다. 결과부터 말하자면, 그런 다이어트는 잠깐의 행복을 위한 위험한 도박과도 같다. 일반적으로 지방을 흡입하면 큰 힘을 들이지 않고도 다이어트한 것 같은 효과를 기대할 수 있다. 하지만 진짜 다이어트는 운동과 식습관 개선을 통해 지방 세포의 크기를 줄이는 것이다. 지방 흡입을 통한 체지방 제거는 양도적일 뿐만 아니라, 반복했을 때 오히려 염증 작용을 유발해 겉에서 보면 울퉁불퉁해 보이는 모습을 띠게 된다.

유전자 vs 생활 습관, 어떤 변화가 더 쉬울까?

이상적인 신체 조건에 대한 생각은 당시의 생활 환경과 미에 대한 기준에 의해서도 변화를 거듭해왔다. 수렵 채집

아름다움에 대한 기준은
시대의 사회·문화적 환경의 영향을 많이 받는다.

시대의 유물이나 고대 이집트의 유물 중에는 지금의 비만인과 같은 체형을 가진 인체상이 종종 발견된다. 어쩌면 당시에는 비만인이 아름다움의 기준이었을지도 모른다는 말이 된다. 아름다움에 대한 기준은 시대의 사회·문화적 환경의 영향을 많이 받는다.

건강을 위한 올바른 신체 조건에 대해 아무리 설명해도 주변에서 무엇을 아름다움의 기준으로 삼는지에 따라 사람들은 그 기준에 자신의 몸을 억지로 끼워 맞추는 위험을 감수한다. 즉 지방 세포의 기능도 시대가 원하는 아름다움과 건강의 기준에 따라 적응해왔다고 유추해볼 수 있다. 하지만 어떤 기준이 건강을 위해 더 좋은지는 분명하다.

의학 기술의 발달 덕분에 유전자 분석 기술을 이용해 인류의 진화 과정을 살펴볼 수 있게 된 현재의 건강 상식으로 볼 때는 비만에 가까운 체형을 결코 아름답고 건강한 몸이라고 할 수 없을 것이다. 오히려 지방 세포에 과도한 에너지가 쌓여 비대해지지 않을 정도로 음식을 섭취하고, 적절한 신체 활동과 운동으로 근육을 형성함으로써 우리 신체에 쌓인 에너지를 연소시키는 것이 건강을 위한 기본 공식이다.

그리고 우리 몸속 세포들도 건강한 생활 방식에 적응시

킬 필요가 있다. 유전자를 바꿀 수 있는 수준의 기술까지는 필요 없다. 그저 식습관과 생활 습관을 조금만 바꿔도 우리 몸은 바뀐 환경에 적응하는 능력이 있기 때문이다. 바로 그런 세포의 적응 능력을 잘 이용하고, 뇌로 보내는 신호를 조절할 수 있을 때 다이어트 효과가 오래 지속될 수 있다.

써 고 말하는 페이지

아름다움을 신경 쓰기 전에 건강부터 챙겨야 한다. 진짜 다이어트는 운동과 식습관 개선을 통해 지방 세포의 크기를 줄이는 것이다.

LESSON 08

목숨 걸고 줄인 체중과
체지방의 배신

내장 지방과 피하지방

다이어트를 할 때 몸의 체지방을 줄이는 것만이 능사인 듯 말하는 사람들이 있다. 또 각종 미디어에서 헬스나 다이어트를 통해 체지방을 제로로 만들어 슬림해진 몸을 뽐내는 사람들을 너무 많이 소개하고 있는 것도 그리 바람직하지 않다. 그렇게 몸을 관리하기 위해서는 아주 단기간에 극단적으로 음식 섭취를 제한하고 물 마시는 일조차 절제하는 과정이 필요하다는 점을 알아야 한다.

가장 좋은 것은 평소 생활을 크게 바꾸지 않으면서도 핵심적으로 중요한 몇 가지 요소만 지키는 다이어트 방법이다. 그러기 위해서는 우리 몸에 있는 체지방에 대한 이해부터 재정립할 필요가 있다. 과연 체지방이 우리 몸에 안 좋은 것일까. 왜 우리 몸에는 지방이라는 것이 존재할까.

체질량 지수에 목숨 걸지 마라

앞서 소개한 지방 세포의 특징이 세대별로 차이를 보이는 것처럼 비만과 다이어트에 대한 기준 또한 시대나 문화적 배경의 영향을 받아 유동적일 수밖에 없다. 따라서 의학적 지식을 바탕으로 뚱뚱하다는 것에 대한 정의부터 명확히 짚고 넘어갈 필요가 있다.

일반적으로 사람들은 자신이 얼마나 뚱뚱한지를 물으면 체중부터 떠올리는 경향이 있다. 체중이 1~2킬로그램 늘어나고 줄어드는 것만으로 비만도를 점검하고 살을 빼거나 늘려야 한다고 말한다. 완전히 틀렸다고 할 수는 없지만 단순히 체중만으로 뚱뚱한지 여부를 판가름하는 데는 무리가 있다. 체중에는 신체를 유지하는 데 반드시 필요한 뼈와 근육, 장기의 무게 등이 포함되어 있으므로 자신의 신체 조건에 맞는 적정 체중을 유지하는 것이 중요하다.

비만에 대한 정의는 무엇을 기준으로 삼느냐에 따라 다양하게 나뉜다. 과거에는 아르키메데스가 왕관에 함유된 순금의 비중을 측정하기 위해 왕관을 물속에 담갔던 것처럼 단순히 지방이 많고 적음을 기준으로 비만을 정의했다.

대표적으로 몸무게(kg)와 키(m)를 이용해 비만의 정도를 측정하는 체질량 지수라는 것이 있다. 몸무게를 키의 제곱값으로 나눈 수치를 기준으로 비만도를 나눈다. 18.5에서 $24.9kg/m^2$ 사이를 정상 범위의 기준으로 잡고 18.5 이하일 경우를 저체중, $25kg/m^2$ 이상일 경우를 1단계 비만, $30kg/m^2$ 이상일 경우를 2단계 비만으로 본다.

세계보건기구에서는 체질량 지수 $30kg/m^2$ 이상일 경우를 비만으로 규정하고 있다. 우리나라와 같은 아시아권에서는 체질량 지수에 의한 비만을 판단하는 기준이 좀 더 낮은 편이다. 이러한 수치의 차이 때문에 우리나라 사람들에게 비만의 기준을 과도하게 적용하는 것이 아니냐는 문제가 제기

되기도 한다.

체질량 지수는 말 그대로 체내 지방량을 측정하는 수단이다. 그런 만큼 체질량 지수 측정법에는 맹점이 있다. 예를 들어 몸무게가 같은 두 사람이 있다고 생각해보자.

한 사람은 근육이 많고 다른 한 사람은 근육이 별로 없다. 두 사람의 체질량 지수를 분석해보면 체내 근육의 발달 정도를 구분하지 않고 오로지 체내 지방이 많고 적음을 수치로 나타내기 때문에 건강한 사람도 비만으로 진단할 수 있다. 이러한 체질량 지수의 단점을 보완하기 위해 등장한 것이 체성분을 검사하는 측정법이다.

보통 건강 검진 시설이나 헬스클럽에서 이 기기를 많이

분류	BMI	동반 질환 위험도
저체중	< 18.5	낮다
정상범위	18.5~24.9	보통
1단계 비만	25~29.9	중증도
2단계 비만	< 30	고도

대한비만학회가 제안하는 비만의 기준

비치해놓아 이제는 대중화되어 있다. 체성분 검사는 체내에 미세한 전기를 흘려보냄으로써 몸속 다양한 성분들을 꽤 정확하게 측정한다. 다만 운동을 막 마쳤거나 사우나를 한 경우에는 체내 수분량에 변화가 생겨 정확한 측정값을 얻을 수 없다는 것이 단점이다. 적절한 사용법에 따라 측정하면 자신의 신체 지수를 정확히 파악할 수 있다.

뱃살이 쉽게 빠지지 않는 이유

비만은 체지방이 지나치게 많은 상태라고 정의하지만 사실 이렇게 단순한 개념은 바뀌어야 한다. 왜냐하면 지방도 위치에 따라 건강에 미치는 영향이 다르기 때문이다. 앞에서도 기술했지만, 체지방은 에너지 저장, 체온 유지, 내분비 기관으로서의 기능, 그리고 외부 충격으로부터 우리를 보호해주는 쿠션 역할을 한다. 이러한 기능들은 체지방의 위치에 따라 그 주된 역할이 조금씩 달라진다.

내장 쪽은 아무래도 에너지 저장 역할에, 피하 쪽은 체온 유지 및 쿠션 역할에 좀 더 충실하다. 내장 지방이 에너지 역할을 제대로 하려면 빨리 분해되어 혈액에 흡수되어야 필요한 장기에 에너지를 보낼 수 있다. 그래서 내장 지방이 많을수록 혈액 내 지방 성분이 많아지고 건강에 해로운 역할을 할 가능성이 높다.

피하지방은 체온 유지를 위해 우리 몸에 꼭 필요한 요소다. 우리 몸은 체내 대사 반응을 통해 에너지를 소모함으로써 36.5도의 온도를 유지하는 시스템이 몸속에 탑재되어 있다. 즉 피하지방은 에너지를 소모할 때 체온이 상승하거나 하강하는 것을 막아주는 단열재라고 생각하면 된다.

반면 내장 지방은 피하지방과 달리 복근 안쪽에 있는 장기 주변에 축적되는 지방이다. 내장 지방이 축적되는 양이 많아지면 대사증후군, 고지혈증의 발병률과 인슐린 저항성을 높이고, 심혈관 질환, 당뇨병의 발병률도 높이는 원인이

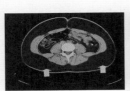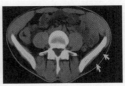

대사증후군의 진단 지표가 되는 복부 비만

된다. 특히 복부 비만의 주원인이기도 해 피하지방보다 더 위험한 지방으로 알려져 있다.

허리둘레를 좌우하는 피하지방과 내장 지방이 밀집해 있는 복부 비만은 대사증후군의 진단 지표이기도 하다. 비만도를 가장 쉽게 확인할 수 있는 기준도 허리둘레를 측정하는 것이다. 세계보건기구에서 정한 허리둘레 측정 기준에 따르면, 서 있는 상태에서 갈비뼈의 가장 아랫부분과 골반의 제일 윗부분 사이의 중간을 재면 된다.

이러한 측정법에 따라 남성과 여성의 표준 허리둘레 수치를 살펴보면 남성은 90센티미터 이상, 여성은 85센티미터 이상인 경우를 비만으로 진단한다. 참고로 이 기준은 국내의 표준 수치에 해당하며 국가별로 조금씩 상이하다. 또 컴퓨터 단층 촬영CT이나 이중 에너지 엑스선 흡수 계측법 DEXA, Dual Energy X-ray Absorptiometry을 통해 좀 더 정확하고 정밀하게 측정할 수 있다.

비만은 타고나는 것일까?

체지방 분포는 남녀 사이에도 차이가 있다. 남성은 젊었

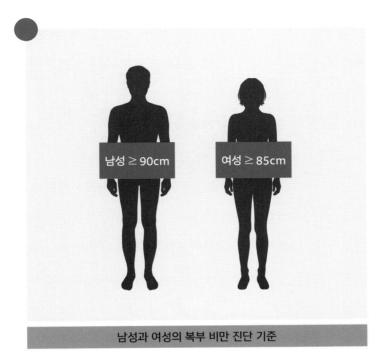

남성과 여성의 복부 비만 진단 기준

을 때부터 뱃살이 나오지만, 여성은 폐경 전에는 주로 엉덩이나 아랫배 쪽으로 체지방이 쌓인다. 그러나 폐경 이후에는 여성도 남성과 비슷해져 뱃살이 급속히 생기게 된다. 이는 폐경 후 여성 호르몬의 양이 줄어들고 상대적으로 남성 호르몬의 영향이 강해지기 때문이다.

왜 여성은 폐경 전에 아랫배나 엉덩이, 허벅지에 지방이 많이 쌓일까? 일부 연구자들은 여성이 임신했을 때 태아를 보호하기 위해 이렇게 진화한 것이라고 주장한다. 이 아랫배와 허벅지에 있는 지방은 분해가 잘 안 되기 때문에, 다이어트를 할 때 맨 나중에 빠진다.

앞서 잠시 소개했지만, 최근 들어 몸무게는 별로 안 나가지만 혈당과 혈압이 높고, 혈관 속 중성지방이 많으며, HDL 콜레스테롤이 낮게 측정되는 마른 비만인 사람들이 늘고 있다. 마른 비만인 사람이 위험한 이유는 자신이 비만이라는 사실을 모른다는 것이다. 허리둘레도 비만의 기준에 미달하고, 외형적으로도 전혀 비만으로 보이지 않기 때문에 자칫 건강 관리에 소홀해질 수 있다. 특히 연령이 높은 인구에서 마른 비만을 가진 사람들이 많이 분포해 있다. 신체 활동 빈도가 낮아지면서 근육이 줄어들고, 자연스럽게 체내 에너지가 쌓이면서 체지방이 늘기 때문이다.

유전적으로 복부 비만이 좀 더 잘 생기는 유형이 있다고 알려져 있지만, 그로 인한 오해를 불러일으킬 수 있다. 오직 유전적 요인 때문에 비만이 되는 경우는 드물다. 그보다는 식습관과 생활 습관의 불균형 때문에 비만해질 위험이 더 높다는 것을 기억해야 한다.

복부 비만은 식습관 개선, 금연, 충분한 수면 시간 확보, 적극적인 신체 활동, 스트레스 해소 등을 통해 예방하거나 극복할 수 있다. 또한 복부 비만이 대사증후군의 주요 원인인 만큼, 복부 비만을 해결하면 대사증후군의 증상을 빠르게 개선할 수 있다. 마른 비만을 가진 사람도 마찬가지이니 방심하지 않는 것이 좋다.

복부 비만은 식습관 개선, 금연, 충분한 수면 시간 확보, 적극적인 신체 활동, 스트레스 해소 등을 통해 예방하거나 극복할 수 있다.

LESSON 09

소고기 마블링은
비만과 당뇨의 신호탄

근육과 지방

우리가 섭취하는 음식의 칼로리를 가장 많이 차지하는 3대 영양소는 지방, 단백질, 탄수화물이다. 지방이 많은 음식은 칼로리가 높아 비만을 유발한다는 것은 많은 사람이 잘 알고 있다. 최근에는 탄수화물의 위험이 강조되고 있다. 탄수화물 중독이라는 용어도 나오면서 사람들이 인식하는 비만 유발 영양소가 어느 한순간 지방에서 탄수화물로 바뀌고 있다. 반면에 단백질에 대한 관심은 덜하다. 근육을 늘리기 위해서는 단백질을 섭취해야 한다는 것 정도로 인식하고 있다.

탄수화물 때문에 살이 찌면 위험한 이유

비만 및 대사증후군 관리에서는 세 가지 거대 영양소 모두 중요하다. 지방을 섭취하면 약간의 대사 과정을 통해 우리 몸에 에너지원으로 이용되거나 체지방의 형태로 저장된다. 많이 먹을수록 여유분이 생겨 체지방의 축적이 가속화된다.

반면에 탄수화물 자체는 체지방으로 전환되는 비율이 낮다. 어떤 이들은 탄수화물을 과다하게 섭취하면 체지방으로 변환되기 때문에 조심해야 한다고 하지만, 이는 사람에게 적용되는 사항이 아니다.

탄수화물이 체지방으로 바뀌어 저장되려면 여러 대사 과정을 거쳐야 하는데, 이 과정에서 소모되는 에너지가 많다. 다시 말해 탄수화물을 많이 먹어도 대사 과정을 통해 저장되는 탄수화물은 얼마 안 된다는 것이다. 사람은 지방만 충분히 섭취하면 굳이 탄수화물에서 체지방을 얻으려는 대사 과정을 활성화시킬 필요가 없다.

또 사람은 탄수화물에서 체지방 생성이 거의 이뤄지지 않는다는 연구 결과도 보고되고 있다. 그 대신 탄수화물, 특히 당 지수가 높은 탄수화물은 순간적으로 혈당을 높여 많은 인슐린을 분비하게 한다. 인슐린은 우리 몸의 체지방 분해를 방해하고, 체지방 축적을 가속화시킨다. 그래서 탄수화물이 살이 찌게 만드는 것이다.

단, 순간적인 혈당 상승을 덜 유발시키도록 당 지수가 낮은 형태로 된 탄수화물을 섭취하면 이런 위험을 확연히 줄일 수 있다는 점을 기억해야 한다. 예를 들어 흰쌀밥보다는 잡곡밥, 흰 빵보다는 호밀빵이나 통밀빵 형태로 탄수화물을 섭취하는 것이다.

눈과 입이 즐거운 소고기의 정체

한편 단백질은 우리 몸의 근육과 장기를 이루는 주요 원소이고, 여러 대사 반응에 관여하는 주요 물질 생성의 재료이기 때문에 반드시 적정량을 먹어야 한다. 특히 비만 관리의 관점에서 볼 때 근육량을 유지하는 데 단백질은 매우 중요하다. 근육량이 기초대사량을 좌우하는 성분이기 때문이다. 기초대사량이 떨어지면 조금만 먹어도 다시 살이 찌는 몸이 되기 때문에 적절한 근육량 유지는 다이어트 과정에서 빼놓을 수 없는 부분이다.

여기서 또 한 가지 빠뜨리면 안 되는 사항이 있다. 아무리 단백질을 잘 섭취하고 운동을 해도 적절한 탄수화물이 없으면 근육량이 줄어든다는 점이다. 우리 몸에서 가장 많은 에너지를 쓰는 뇌를 비롯한 몇몇 장기는 탄수화물을 에너지원으로 사용한다.

탄수화물을 적절히 섭취하지 않으면 이들 장기가 위험에 빠질 수 있으므로, 체내에서 케톤이라는 단백질 대용 물질을 만들어 사용하게 된다. 이 케톤의 주원료가 바로 단백질을 구성하는 아미노산들이다. 결국 탄수화물을 극도로 제한하면 근육 소실을 일으켜 궁극적으로는 체지방이 늘어나 다이어트에 실패하게 된다.

흔히 소고기를 먹을 때 마블링이 많은 등급을 맛있고 품질이 좋은 것으로 여긴다. 아무리 마블링이 있는 소고기가 맛있다고 할지라도 이는 건강과는 조금 거리가 먼 이야기다. 우리가 소고기의 마블링이라고 부르는 흰 물질의 정체가 바로 지방이다. 지방이 소의 살코기 곳곳에 박혀 있는 정도에 따라 소고기의 등급을 나누고 있는 것이다. 이렇게 근육에 지방이 많이 박혀 있다는 것은 비만이거나 당뇨병에 걸린 소라는 말과 다르지 않다. 즉 우리는 건강하지 못한 소의 고기를 즐기고 있는 셈이다.

좋은 지방과 나쁜 지방 구분법

우리 몸속의 지방과 단백질은 적절한 균형을 이루어야 한다. 근육이 많건 적건, 몸이 뚱뚱하건 마르건, 지방이 몸속에서 계속 제 역할을 할 수 있어야 건강하다고 말할 수 있다. 지방이 제 역할을 하지 못할 때 고지혈증이 생기고, 혈압이 올라가고, 동맥경화가 생긴다. 우리가 건강을 위해 다이어트를 하더라도 체중계의 숫자에만 목을 매는 것을 경계해야 하는 이유다. 만약 지방이 아닌 근육이 소실되어 체중이 빠지는 식의 다이어트라면 절대로 건강을 담보할 수 없기 때문이다.

지방 세포가 비대해져 비만이라는 문제를 야기했을 때는
우리 몸을 망가뜨리는 주범이 된다.

다이어트와 지방에 대한 관심이 높은 만큼 체지방의 종류에 대한 연구도 많이 이뤄졌다. 앞에서 언급한 내용을 복습해보자. 체지방은 대표적으로 갈색 지방과 백색 지방을 구분해서 이야기한다. 갈색 지방은 열을 발산하는 작용을, 백색 지방은 영양분인 지방을 저장하는 역할을 하는 특징이 있다.

특히 북극곰들이나 극지방 근처에서 생활하며 겨울잠을 자는 동물들이 체온을 유지하기 위해 열에너지를 발산할 때 필요한 지방 세포가 갈색 지방이다. 인간은 성장기를 거치면서 체내의 갈색 지방을 모두 잃는다고 알려져 있었다. 즉 인간의 신체는 백색 지방으로만 이루어져 있다는 것이 정설이었다.

그런데 최근에 에너지를 연소하는 원리를 다이어트에 활용한 아이디어가 각광받으면서 갈색 지방에 대한 연구가 많이 진행되었다. 연구 결과, 백색 지방이 추운 환경에 노출되면 세포 내 미토콘드리아가 증식하면서 갈색 지방과 백색 지방의 중간 형태 정도로 바뀌는 현상을 발견했다. 베이지색 지방이라고 부르는 지방의 형태다.

평소에는 백색 지방이 에너지를 저장하는 역할을 수행

하다 우리 신체가 추운 환경에 노출되면 베이지색 지방으로 바뀌면서 에너지를 발산해 체온을 유지하는 역할을 수행한 다고 한다. 이렇게 인간의 몸에서 발견되는 다양한 지방의 종류에 대한 연구가 진행되고 있고, 비만의 다양한 형태에 맞게 좋은 지방과 나쁜 지방을 찾으려는 연구들도 시행되고 있다.

소고기의 마블링을 예로 들어 설명한 것도 체내 지방 중 근육에 박혀 있는 지방이 대표적으로 몸에 나쁜 지방이기 때문이다. 근육과 함께 간에 박힌 지방도 우리 몸에는 전혀 좋을 것이 없다. 특히 간은 우리 몸의 대사 반응을 조절하는 데 중요한 역할을 하기 때문에 특별히 관리가 필요한 신체 장기다. 또 지방 세포는 건강한 신체 내에서는 인간의 몸을 보호하고 에너지를 저장하는 좋은 역할을 수행하지만, 간혹 지방 세포가 비대해져 비만이라는 문제를 야기하면 우리 몸 을 망가뜨리는 주범이 되기도 한다.

자연에 존재하지 않는 트랜스 지방

우리가 섭취하는 지방은 동물성 지방과 식물성 지방으로 나뉜다. 동물성 지방은 포화 지방산의 함량이 높고, 식물성 지방은 불포화 지방산의 함량이 높다. 흔히 동물성 지방, 포화 지방은 콜레스테롤 수치를 높여 우리 몸에 해로운 것으로 알려져 있고, 식물성 지방, 불포화 지방은 콜레스테롤 수치를 낮춰주기 때문에 우리 몸에 이로운 것으로 알려져 있다. 포화 지방과 불포화 지방을 구분하는 기준은 지방산을 구성하는 탄소 결합의 형태다. 단일 결합일 경우 포화 지방, 이중 결합일 경우 불포화 지방으로 나뉜다. 특히 불포화 지방산 중에서 분자 구조가 활처럼 휘어 모두 같은 방향의 구조를 가졌을 경우 시스cis형 지방산이라 부르고, 분자 구조의 방향이 대각선으로 이루어졌을 경우 트랜스trans 지방이라고 부른다.

자연 상태에서 존재하지 않는 트랜스 지방은 우리 몸에서는 생성되지 않고, 동물의 몸에 소량으로만 존재하는 지방이다. 또 액체 상태의 식물성 기름을 고체 형태의 경화유로 만드는 과정에서 생기는 지방으로, 주로 식용유나 마가

자연 상태에서 존재하지 않는 트랜스 지방은
우리 몸에서는 생성되지 않는 지방이다.

린의 원료로 쓰인다. 과자나 케이크, 패스트푸드 같은 고열량 가공식품을 만드는 원료로도 쓰인다.

대부분 현대인의 비만을 부추기는 음식을 만드는 데 트랜스 지방이 쓰이고 있는 것이다. 게다가 LDL 콜레스테롤 수치를 높이고, HDL 콜레스테롤 수치를 낮춰 심혈관 질환의 발병 가능성을 높이는 주범으로 지목되고 있다.

간혹 탄수화물을 많이 섭취하면 체지방으로 전환되지 않느냐고 묻는 사람들이 있다. 결론부터 말하자면 그런 일은 거의 불가능하다. 탄수화물은 글리코겐 형태로 약간 저장되기는 하지만, 기본적으로는 에너지원으로 쓰인다. 사람의 몸에는 탄수화물을 지방으로 바꾸는 능력이 거의 없다. 체내에 저장되는 대부분의 지방은 음식을 통해 섭취되는 것들이다.

혈당과 인슐린 저항성을 항상 관리하라

탄수화물은 우리 몸의 대사 반응을 조절하는 에너지를 제공한다. 만약 과다하게 섭취하거나 정제 탄수화물을 섭취하면 우리 몸의 인슐린 저항성을 높인다. 또 체지방을 만드는 데 관여하지는 못해도 체지방의 분해를 방해해 비만의 간접적인 원인이 된다. 이때 탄수화물의 적정한 섭취량을 가늠하는 기준이 바로 당 지수다.

탄수화물을 섭취했을 때 빠르게 분해되고 빠르게 흡수 되면 혈당 수치가 급속히 올라간다. 반대의 경우에는 혈당 수치가 떨어진다.

혈당이 올라가고 내려가는 정도를 수치화한 것이 당 지수다. 당 지수가 높다는 말은 곧 혈당이 올라가는 것을 의미한다.

높은 혈당은 인슐린 분비를 촉진시키고, 과다 분비된 인슐린은 지방 분해를 방해해 우리가 섭취한 지방이나 체지방이 점점 쌓이게 해 비만을 일으킨다. 또 당 지수가 높은 음식은 쉽게 공복감을 느끼게 하여 더 많은 음식을 찾게 만든다. 반면 당 지수가 낮으면 포만감이 커 식욕을 금방 줄여주는 효과가 있다. 인슐린 분비를 줄여 신체의 인슐린 저항성을 낮추고 체지방을 분해하는 데 영향을 주어 체중 조절에 도움이 된다.

또 당 지수와 함께 당 부하 지수도 관리하는 것이 좋다. 당 부하 지수란 실제로 우리가 먹는 음식의 섭취량 대비 당 지수를 나타내는 수치다. 당 지수에 탄수화물 1회 섭취량을 곱하고 이를 퍼센트로 환산한다.

따라서 당 지수가 높은 음식일지라도 실제로 섭취하는 음식의 탄수화물 양이 적은 경우에는 당 부하 지수가 낮은 음식으로 분류된다. 결과적으로 당 지수와 당 부하 지수가 모두 낮은 음식을 섭취하는 것이어서 가장 이상적이라고 할 수 있다.

그런데 당 지수가 낮은 음식이 체중을 감량하고 체지방을 제거하는 데 도움이 된다는 점에 대해서는 논란이 있었다. 서로 다른 연구 결과를 제시하는 쪽이 상충하고 있어 확신을 갖기 어려운 면이 있었지만, 이를 보완하기 위해 여러 연구를 모아서 분석한 메타 분석법을 이용한 결과, 저당 지수 음식이 비만 조절에 효과가 있는 것으로 결론이 나왔다. 그러나 감량되는 양이 많아 보이진 않는다. 앞서 이야기한 대로 탄수화물은 우리 몸에 반드시 필요한 영양소다. 비만과 대사증후군 관리에 방해가 되지 않도록 가능한 한 당 지수가 낮은 형태의 탄수화물을 섭취하는 습관을 길러야 할 것이다.

또한 당 지수가 낮은 음식을 섭취하면 당뇨병을 예방하

는 효과가 있다. 당뇨병 환자의 혈당 조절에도 효과가 있다는 것이 임상 시험을 통해 입증됐다. 우리가 먹는 탄수화물은 체내에서 화학 반응을 통해 포도당으로 바뀌어 혈액을 통해 우리 몸 전체를 돌아다니며 에너지를 공급한다. 그런데 탄수화물을 필요 이상으로 섭취하면 혈당이 증가해 건강을 위협하게 된다. 그러면 혈당을 떨어뜨리기 위해 췌장에서는 인슐린을 분비한다. 따라서 평소 혈당이 늘지 않도록 당 지수와 당 부하 지수가 높은 음식을 피하는 것이 좋다.

쓰고 말하는 페이지

트랜스 지방은 LDL 콜레스테롤 수치를 높이고, HDL 콜레스테롤 수치를 낮춰 심혈관 질환의 발병 가능성을 높이는 주범이다.

LESSON 10

백 퍼센트 비만을 잡는
약은 없다

식욕 조절 메커니즘

세상에는 정말 많은 다이어트 방법들이 알려져 있다. 특정
식품만 섭취하는 원푸드 다이어트, 비닐 랩을 온몸에 칭칭
감아 체내의 독소와 땀을 빼는 다이어트, 장을 청소해 체내
독소를 제거하는 다이어트 등 우리 몸의 비만 요소를 제거
하기 위한 온갖 방법들이 살을 빼려는 사람들을 유혹하고

있다.

문제는 어떤 다이어트를 하든 우리 몸의 장기와 세포들은 서로 신호를 주고받으면서 신체 내의 무너진 균형을 되찾으려는 활동을 한다는 것이다. 건강을 지키기 위해 체중을 조절하고 식단을 조절하는 것은 반드시 필요한 과정이지만, 단지 살을 빼려는 목적으로 다이어트를 하면 우리 몸은 스스로를 지키려는 저항 행동을 한다. 음식을 먹지 않으면 식욕을 자극해 우리 몸이 굶어 죽지 않게 만드는 기전들이 끊임없이 작동하도록 진화해온 결과다. 이른바 다이어트 후에 찾아오는 요요 현상이다. 심지어 다이어트를 하기 전보다 훨씬 더 비만해지는 경우도 생긴다. 결국 반복되는 요요 현상과 다이어트에 지쳐 살 빼기를 포기하는 사람도 있다.

살은 절대로 쉽게 빼서는 안 된다

원푸드 다이어트에는 포도, 고구마, 현미 같은 식이 섬유가 많은 음식만 먹는 종류부터 특정 육류만을 먹는 황제 다이어트까지 다양한 방법이 알려져 있다.

주로 한 가지 음식만 먹기 때문에 누구나 쉽게 다이어트를 할 수 있고, 곧바로 체중 감량 효과를 볼 수 있기 때문에 인기가 높다. 하지만 대체로 체지방보다 근육 소실로 인한 기초대사량 감소로 인해 요요 현상이 쉽게 찾아온다. 또 특정 영양소만 집중적으로 먹는 탓에 골다공증의 발병률이 높아지기도 한다.

사우나나 찜질방에서 집중적으로 땀을 뺌으로써 체중 감량을 노리는 다이어트도 사람들에게 인기다. 특별한 방법을 배우거나 실천하지 않아도 누구나 시작할 수 있다는 것이 장점이다. 사우나에서 나와 체중계에 오르면 눈에 띌 만큼 체중이 줄어든 것을 바로 확인할 수 있어 효과가 탁월하다고 착각하기 쉽다. 하지만 신체 활동이나 운동을 하지 않고 단순히 체내의 수분을 땀으로 빼는 방법이기 때문에 물을 마시거나 식사를 하면 곧바로 원래 체중으로 돌아간다.

더운 열기로 체지방이 연소되거나 혈액 순환이 잘되어 신진대사가 활발해진다고 주장하는 사람들도 있지만, 잘못된 생각이다. 체지방은 고온에 오래 있어도 연소되지 않는다. 또 혈액 순환이 잘되면 신진대사가 활발해진다는 주장에도 맹점이 있다. 혈액 순환과 지방의 연소는 별개의 반응이라는 것 또한 기억하기 바란다. 가장 쉽게 비교하는 예로,

체지방은 고온에 오래 있어도 연소되지 않는다.
혈액 순환과 지방의 연소는 별개의 반응이다.

삼겹살을 뜨거운 물에 넣는다고 해서 지방이 연소되지 않는 사실을 떠올리면 이해하기 쉬울 것이다. 단순히 심박수가 오르고 땀을 흘린다고 해서 지방이 연소되는 것은 아니라는 점을 잊지 말자.

체내에 쌓인 독소나 노폐물을 제거해 다이어트 효과를 이끌어낸다는 식품들도 많이 소개되어 있다. 하지만 독소에 대한 정의부터 불분명한 데다, 장 청소를 통해 독소를 배출시킨다는 개념도 의학적으로 다이어트에 도움이 된다고 밝혀진 바 없다. 오히려 장 청소를 위해 먹는 식품이나 약이 무리한 탈수 증상을 불러올 위험이 있다. 이러한 방법은 땀으로 수분을 빼는 다이어트와 마찬가지로 체지방 감소가 아니라 체내의 수분이 빠진 것을 체중 감소로 착각하게 만든다.

다이어트 약에 쉽게 넘어가는 이유

과거에 다이어트를 위해 개발된 약들은 호르몬과 관련된 약품들이 많았다. 실제로 갑상선 호르몬 추출물이 다이어트에 도움이 된다는 연구 결과를 토대로 그러한 약품들이 출시되기도 했다. 갑상선 호르몬은 세포 내의 이화 작용, 즉 체내에 유입된 물질을 에너지로 바꾸는 작용을 하며 대사량을 늘려 체중 감소 효과가 있을 수 있지만 제한적이다.

만약 식단을 조절하거나 운동을 하면서 다이어트를 하고 있는데도 체중이 줄지 않는다거나, 과식을 하고 운동을 전혀 하지 않는데도 체중이 늘지 않는다면 갑상선 호르몬 이상을 의심해볼 필요가 있다. 갑상선 호르몬이 많이 분비되면 음식을 먹어도 살이 찌지 않고, 심박수가 올라가고, 땀을 많이 흘리는 등의 증상이 생긴다. 이를 갑상선 기능 항진증이라고 부른다. 반대로 갑상선 호르몬이 적게 분비되면 몸이 쉽게 붓고 둔해질 뿐만 아니라 체중이 늘어나고 쉽게 추위를 타는 갑상선 기능 저하증에 걸린다.

이러한 갑상선 호르몬을 한때 병원에서 다이어트 치료제로 처방한 적도 있었다. 당연히 다이어트의 효과를 확인할 수 있었지만 근육 소실이 심했다. 게다가 외부로부터 들어온 갑상선 호르몬이 많아지면 뇌에서 더 이상 갑상선이 호르몬을 생성해낼 필요가 없다는 신호를 보낸다. 이런 신호는 뇌에서 갑상선 자극 호르몬을 덜 분비함으로써 이루어진다. 그러다가 외부에서 들어오는 갑상선 호르몬을 끊으면, 갑상선 자극 호르몬은 금방 다시 분비되지 않으므로 일시적으로 갑상선 기능 저하증이 생긴다. 살이 더 찌게 되는 것이다. 게다가 갑상선 호르몬을 지속적으로 주입하면 살은 빠질지 몰라도 골다공증을 일으킬 수 있고, 근육 소실이 많아져 큰 부작용을 얻을 수도 있다.

한때 2,4-다이나이트로페놀이라는 약이 시판된 적도 있다. 이 물질은 노란색으로 착색시키는 성질이 있다. 과거 미국에서 빵을 만들 때 계란빵처럼 보이게 하려고 쓰던 색소였다. 그런데 이 빵을 먹은 사람들이 살이 빠져, 이 물질을 비만 약으로 시도한 적이 있다. 그러나 이 약을 써서 살을 빼는 방법이 갈색 지방 세포에서 열이 발산되는 UCP uncoupling protein를 거치는 기전과 같아 심부 체온을 높이는 부작용이 있었다. 최근에는 일부 보디빌더들이 이를 과량으로 복용해 사망했다는 이야기도 들린다. 그뿐만 아니라 백혈구 저하, 피부병, 신경병 등 치명적인 후유증을 일으켰다는 보고도 있다.

대표적인 마약으로 일반인들에게 잘 알려진 암페타민이 비만 약으로 쓰인 적도 있다. 출시될 당시만 해도 암페타민은 각광받는 약이었다. 각성 효과가 뛰어나고 기분을 좋게 해주고 기운도 북돋아주는 등 이른바 강장제 취급을 받았다. 당시만 해도 자동 항법 시스템이 없었기 때문에 조종사가 운전을 하다 깜빡 졸기라도 하면 비행기가 추락하는 경우가 발생했다. 그런데 암페타민을 먹으면 졸음을 예방할 수 있어 비행사들 중에 복용하는 이들이 많았다. 또 수험생, 직장인 등이 이 약을 복용하면 피로가 줄고 공부나 일을 오래 지속할 수 있었기에 많은 인기를 끌었다.

암페타민이 이런 효과를 나타내는 기전은 뇌 속의 신경 전달 물질인 도파민, 세로토닌, 노르아드레날린의 뉴런 시냅스synapse 내 분비와 재흡수에 영향을 미치기 때문이다. 그런데 이 세 가지 신경 전달 물질은 식욕 조절과도 밀접한 관련이 있다.

실제 암페타민을 복용한 사람들은 식욕이 떨어지고 살이 빠지는 효과도 얻었다. 그래서 그때부터 비만 약으로도 사용되기 시작했다. 하지만 주지하다시피 장기 복용 후 약에 대한 의존성 때문에 여러 사회적인 부작용이 발생해 현재는 마약으로 분류되어 사용이 제한되고 있다.

이후 암페타민을 일부 변형시켜 세로토닌과 노르아드레날린 조절에 관여하는 비만 개선 약들이 개발되어 일부는 지금까지 사용하고 있다.

잘못된 식습관과 생활 습관으로 인해 빚어진 비만 현상을 개선하려는 목적으로서의 다이어트는 환영할 만하다. 다만 우리 몸에 유해한 방법으로 단기간에 효과를 보겠다는 마음가짐만큼은 멀리하길 바란다. 무엇보다 우리 몸은 환경의 변화에 적응할 수 있다는 점을 기억하자. 만약 효과적인 다이어트 방법으로 건강과 아름다움을 모두 만족시키는 결과를 얻었다면, 우리 몸이 현재의 상태에 적응할 수 있도록 충분한 시간과 생활 습관을 제공해야 한다. 잃어버린 건강을 되찾는 기쁨도 기쁨이지만, 건강을 되찾기 위한 과정의 고통은 이루 말할 수 없을 것이다.

쓰고 말하는 페이지

식단을 조절하거나 운동을 하면서 다이어트를 하고 있는데도 체중이 줄지 않는다거나, 과식을 하고 운동을 전혀 하지 않는데도 체중이 늘지 않는다면 갑상선 호르몬 이상을 의심해볼 필요가 있다.

도시 사람이 건강할까,
섬사람이 건강할까?

환경과 건강의 알고리즘

환경이 우리 건강에 미치는 영향에 대해서는 많은 연구가
이뤄졌다. 대표적인 예가 쌍둥이 연구다. 그런데 비만인 부
모 사이에서 태어난 쌍둥이가 비만해지는 경우가 많다는 연
구 결과들은 비만과 유전 사이에 밀접한 상관관계가 있다는
믿음을 부추긴다. 만약 비만이 정말 유전적으로 결정된 것

이어서 어차피 뚱뚱한 사람으로 살아갈 운명이라면 굳이 힘들게 다이어트를 할 필요가 없을 것이다. 또 먹고 싶은 것을 참아가며 식생활을 바꿀 필요도 없고, 하루 중 시간을 쪼개 운동하느라 고생할 필요도 없을 것이다.

그러나 유전적 요인 하나만으로 비만이 결정될 것이라는 생각은 지나친 오해다. 물론 상대적으로 쉽게 비만해지는 유전자가 있다고 볼 수 있지만, 그보다는 비만을 불러일으킬 만한 생활 환경과 식생활에 노출되는 사람이 비만인이 될 확률이 더 높다.

영양 불균형이 부른 고도 비만과 초고도 비만

최근 우리나라의 연령별 비만도를 비교해보면 젊은 층에서 고도 비만과 초고도 비만의 비율이 매우 빠르게 증가하고 있는 것이 확인된다. 남성과 여성 모두 20~30대에서 비만인 사람의 비율이 늘어나고 있는 실정이다.

오늘날의 젊은 층은 기름지고 정제가 많이 된 식재료를 활용하고, 쉽고 빠르게 음식을 섭취하기 위해 시간을 단축한 조리법을 활용하는 경우가 많다. 이런 환경에서는 체내

당 수치가 오르거나 체지방 비율이 높아지기 쉽다. 또한 신체 활동이 점점 줄어드는 생활 환경 때문에 체내 지방 세포들이 더욱 부피를 키우기 좋은 조건에서 살아간다. 그러다 보니 40~50대 이후의 사람들보다 고도 비만과 초고도 비만의 비율이 눈에 띄게 높은 것이다.

이처럼 비만에 익숙해진 환경은 패스트푸드를 즐겨 먹고, 걷기보다 차량으로 이동하는 시간이 월등히 많은 미국인들의 비만도와 비교해도 비슷한 추이를 나타낸다. 그리고 비만에 취약한 사람들 가운데 저소득층이 압도적으로 늘어나고 있다. 또한 장애인들에게서도 비슷한 추세로 비만인이 늘어나고 있다는 것이 확인되었다. 국민건강보험공단에서 우리나라 국민들을 대상으로 10년간 조사한 건강 관련 자료를 분석해보면, 소득 수준에 따른 비만도의 차이가 유병률의 차이에도 영향을 미치는 것을 알 수 있다.

이 때문에 소득이 낮으면 기름진 음식을 덜 먹고 영양분을 덜 섭취하는 것으로 생각하기 쉽다. 하지만 미국을 비롯한 선진국이나 획기적인 경제 성장을 이룬 국가에서 살아가는 사람들의 건강 상태를 분석해보면, 예상과는 사뭇 다른 결과를 보게 된다.

잘사는 사람들일수록 기름지고 자극적인 음식을 많이 먹을 것 같지만 경제적으로 부유해진 국가에서 살아가는 저소득층일수록 기름진 음식을 많이 섭취한다.

가까운 예로 우리나라가 지금과 같은 경제적 성장을 이루기 전의 식생활을 살펴보면 쉽게 알 수 있다. 불과 반세기 전만 해도 우리나라에서는 국가적으로 쌀이 부족한 탓에 밀가루를 활용한 분식을 장려했다. 대표적인 메뉴가 짜장면이나 라면 같은 밀가루 위주의 음식들이다. 이 음식들은 기름진 데다 나트륨 함량까지 높아 영양 면에서 좋다고 평가하기에는 다소 부족한 것이 사실이다.

또 서구화된 식단이 우리 식탁을 점령하면서 햄버거처럼 빠르고 쉽게 고칼로리를 섭취할 수 있는 패스트푸드도 비만을 부추기기 시작했다. 더욱이 경제적으로 부유해진 데 비해 채소나 과일 가격이 수시로 치솟아 저소득층이나 취약 계층에서는 신선한 음식이나 건강을 위한 영양분을 섭취하기가 힘든 환경이다.

비만도는 결국 활동량이 결정한다

지역 간 차이도 점점 심해지고 있다. 국민건강보험공단에서 마련한 비만관리대책위원회에서 우리나라 각 지역의 비만도를 조사해 비만 지도라는 이름의 비교 지표를 만들었는데, 그 결과가 흥미롭다. 일반적으로 도시를 떠나 지방의 중소 도시나 산간 지역, 해안 지역처럼 자연과 가까운 곳에서 살아가는 사람들이 건강할 것이라고 예상하기 쉽다.

그러나 비만 지도 자료를 살펴본 결과, 도시에 비해 제주도나 울릉도 같은 섬 지역과 강원도의 산골 지역에 거주하는 사람들 가운데 고도 비만이나 초고도 비만에 해당하는 사람의 비율이 상대적으로 많았다.

BMI 지수를 기준으로 25kg/m² 이상인 경우를 비만, 30kg/m² 이상인 경우를 고도 비만, 35kg/m² 이상인 경우를 초고도 비만으로 구분하는데, 강원도 산간 지역과 해안가의 섬 지역에서 비만의 비율이 집중적으로 높아지는 것을 확인할 수 있다.

보건복지부에서 그 원인을 분석한 결과, 환경적 요인에 따른 생활 습관과 문화적 차이가 주원인으로 밝혀졌다.

산간 지역이나 섬 지역의 경우 주거지 주변에 편의 시설이 잘 갖춰져 있지 않은 까닭에 일정 거리 이상은 무조건 차량 같은 이동 수단을 이용하려 한다. 자연스레 활동량이 줄어들 수밖에 없다. 또 사람들이 모여서 여가 활동을 할 수 있는 환경이 상대적으로 부족하다 보니 마찬가지로 활동량이 줄어들 수밖에 없다.

이처럼 생활 환경이 개인의 건강과 비만도에 미치는 영향은 무시할 수 없다. 특히 평균 식사 시간만 보아도 그 사람이 건강한지 건강하지 않은지를 쉽게 구분할 수 있다. 비만한 사람이라면 음식을 많이 먹을 것이라고 생각해 식사 시간이 길 것이라고 생각하기 쉽다. 그러나 평균 식사 시간을 분석해보면 뚱뚱한 사람일수록 식사 시간이 짧다. 식사 시간이 짧으면 음식을 섭취하면서 포만감을 느끼기도 전에 많은 음식을 계속 위에 넣게 된다. 당연히 권장 섭취량보다 많은 양의 음식과 고칼로리를 섭취하게 되는 것이다.

**생활 환경과 습관은 개인의 건강과
비만도에 절대적인 영향을 미친다.**

운동 후의 시원한 맥주는 삼가라

또 음주와 흡연에 관대한 문화적 배경도 무시할 수 없다. 심지어 운동을 위해 모인 사람들이 운동을 마치고 회식을 하며 술 마시는 일이 일상에서 흔히 일어난다. 술은 굉장한 고열량 식품이다. 술이 직접 지방으로 바뀌어 비만을 일으키지는 않지만, 술을 분해하는 과정에서 생긴 물질이 체지방 분해를 방해하고 안주와 같은 음식을 섭취하는 데 기폭제가 되기 때문이다.

어떤 이들은 알코올 1그램이 8칼로리나 되는 고열량이기 때문에 비만을 유발한다고 이야기한다. 틀린 말은 아니지만, 오해를 불러일으킬 수 있는 내용이다. 알코올 의존자들을 본 적이 있는가? 그들은 대부분 말라 있다.

알코올은 간에서 일부 지방으로 바뀔 뿐이다. 대부분의 비만 유발 기전은 체지방 분해를 방해하고 식욕을 돋우는 데 있다.

살을 빼기 위해 조기 축구회나 다른 모임에 가입해 회원들과 같이 운동하는 사람들을 가끔 보게 된다. 스트레스도 풀고 신체도 건강하게 유지하는 매우 바람직한 건강 증진 방법이다. 하지만 축구 시합이 끝난 뒤 경기에서 진 팀이 맥주와 고기를 사는 내기를 한다면 어떻게 될까? 살 빼러 왔다가 더 쪄서 가는 꼴이 될 것이다. 운동 효과를 그냥 날려보내게 된다.

또 흡연에 대한 오해가 비만을 부추기는 경우도 있다. 흔히 담배를 피우면 살이 빠진다거나 담배를 끊으면 살이 찐다는 속설을 믿는 사람들이 많다. 흡연이 백해무익하다는 사실은 많은 연구를 통해 증명되었다. 발암 물질인 흡연을 통해 비만을 해결하겠다는 발상 자체가 어불성설인 것이다. 게다가 비만과 흡연에 관한 자료들을 분석해보면 흡연을 하고 나서부터 허리둘레가 오히려 늘어난다고 한다. 내장 지방과의 연관성도 뚜렷했다. 즉 복부 비만을 높이는 원인 중 하나가 흡연이다. 게다가 이상지질혈증도 유발한다는 점에 주목해야 한다. 그 기전은 아직 덜 밝혀졌지만, 흡연은 내장 지방량을 증가시키고 대사증후군을 유발한다.

건강과 환경의 상관관계를 무시할 수 없다고 하지만, 반대로 올바른 건강 정보를 잘 활용하면 그러한 환경을 충분히 극복할 수 있다. 현대인에게는 건강하지 못한 환경 요인을 만병의 근원으로 지목해도 큰 무리가 없을 정도다. 술 권하고 담배 권하고 운동을 방해하고 스트레스를 가중시키는 요인이 환경적인 요소에서 오는 경우가 많기 때문이다. 환경적인 요인은 바꿀 수 있는 부분도 있고, 바꿀 수 없는 부분도 있다. 일단 자신에게 주어진 범위 안에서 환경에 대응해 할 수 있는 일부터 실천하는 것이 중요하다.

뚱뚱한 사람일수록 식사 시간이 짧다.
오래 씹고 천천히 먹는 습관을 들이도록
하자. 식사 시간이 짧으면 음식을 섭취
하면서 포만감을 느끼기도 전에 많은 음
식을 위에 넣게 된다. 많은 양의 음식과
고칼로리를 섭취하게 되는 것이다.

세포와 호르몬, 세균과 미생물이
지켜주는 체내 밸런스

체지방, 빼느냐 유지하느냐 그것이 문제로다

지방 세포의 역할

현대인의 다이어트에 대한 갈망은 그야말로 끝이 없다. 살을 빼야겠다는 일념이 오히려 스트레스가 되어 육체뿐만 아니라 정신적으로도 피로감을 안겨줄 정도다. 단언컨대 살을 빼겠다는 강박적 생각은 스트레스를 유발하고, 이러한 스트레스가 고착되면 살을 빼는 일은 정말 어렵다고 할 수 있다.

한편 건강 보조 식품 판매 업체는 사람들의 다이어트 욕구를 자극해 이윤을 챙긴다. 또 각종 미디어에서는 체지방을 극도로 억제해 마르고 늘씬한 체형을 가진 사람들을 아름다움의 결정체인 듯 다룬다. 누구나 그런 자극에 한번 노출되면 자신의 복부에 있는 지방이 문제라고 생각하지 않을 수 없다. 그런 잘못된 정보와 동경이 낳은 비이성적 다이어트 방법들이 무분별하게 유행처럼 번지고 있는 현실을 보면 심히 우려스럽다. 단언컨대 지방의 역할을 제대로 이해하고 적절한 체지방을 유지하지 않는다면 우리 몸은 이상이 생길 수밖에 없다.

에너지를 축적하도록 진화한 지방 세포

인류는 굶어 죽는 문제를 지방 세포의 진화를 통해 해결했다. 하지만 하루에도 여러 번 허기를 느끼는 신체의 특성상 배가 고프면 우리 몸은 스트레스를 받는다. 이때 스트레스 호르몬이 생성되어, 굶고 있을 때 일어나는 여러 가지 반응을 조절한다. 스트레스 호르몬의 대표적인 역할이 바로 지방 세포의 분해를 막는 것이다.

문제는 체지방 제로를 지향하는 식의 다이어트 방법들이다. 사실 체지방 제로가 되면 인간은 생존할 수 없다. 앞에서도 언급했듯이 체지방은 우리 몸에서 다양한 역할을 하기 때문이다. 게다가 체내에 지방이 없으면 다양한 대사 반응을 유지하기 어렵고, 우리 몸의 세포 자체도 생존이 불가능하다.

지방 세포에는 우리 몸에 필요한 에너지원이 축적되어 있다. 이는 체지방을 줄이는 다이어트를 하더라도 기본적인 신체 활동을 위한 에너지원으로 쓰일 만큼의 지방은 우리 몸에 반드시 남아 있어야 한다는 말이다. 체내 지방은 크게 피하지방과 내장 지방으로 나뉜다. 그 명칭처럼 피부 아래 그리고 근육으로 둘러싸인 내장 근처에 분포해 있다. 특히 내장 지방은 많은 에너지를 보관하고 있는 훌륭한 에너지원이다.

만약 다이어트를 위해 열심히 운동하고 있는데도 생각만큼 살이 빠지지 않는다면, 스트레스 호르몬의 영향을 받고 있다고 의심해도 된다. 또 허리둘레가 줄지도 않고 뱃살도 줄어드는 느낌이 없을 때는 다이어트를 해야겠다는 생각 때문에 지나치게 스트레스를 받고 있는 상황을 의심해도 좋다.

이렇게 다이어트를 비롯해 우리 몸에 많은 영향을 미치는 스트레스를 측정하기 위해 의학계에서는 다양한 방법이 동원되었다. 2005년에 나와 연구진은 우울증과 복부 비만의 상관관계를 분석했다.

그리고 내장 지방의 양과 우울증의 정도를 비교한 조사에서 우울증이 심할수록 내장 지방이 훨씬 많다는 결론을 얻었다.

무엇보다 살을 뺄 때는 다이어트 과정을 스트레스로 받아들이면 안 된다. 운동할 때도 즐겁게 하는 것이 중요하다. 만약 즐겁지 않은 운동을 하고 있다면 운동하지 않는 것만 못하다. 죽기 살기로 운동을 하기보다 내장 지방을 천천히 효율적으로 태우면서 즐겁게 운동해야 한다는 말이다.

수면 부족은 식욕 조절을 방해한다

운동과 함께 현대인의 스트레스 주범으로 손꼽히는 것이 바로 수면 장애다. 도시에서 생활하는 사람들에게는 잠을 방해하는 요인들이 너무 많다. 스마트폰 사용 시간이 현저히 늘어난 영향도 있고, 늦은 밤까지 불이 꺼지지 않는 도시가 현대인에게서 잠을 빼앗아갔다. 인공조명의 밝은 자극이 우리의 눈을 쉬지 않게 만들고, 수면을 방해하는 바람에 우리 몸에서는 수면을 유도하는 멜라토닌 분비가 억제되는 결과를 초래했다.

수면 장애가 계속되면 우리 몸의 인슐린 저항성을 높여 당뇨병이나 고지혈증, 대사증후군을 일으킨다. 그뿐만 아니라 내장 지방도 늘어난다. 몸이 뚱뚱해지면 코골이까지 유발하게 된다. 코골이는 또다시 수면 장애의 원인이 되고 깊은 잠에 들지 못하도록 더욱더 방해하는 악순환에 빠지게 된다.

수면은 우리 뇌에 쌓여 있는 노폐물을 걸러주는 과정이다. 우리 몸에 가장 알맞은 수면 시간은 여덟 시간 정도로 알려져 있다. 만약 적절한 수면 시간을 확보하지 못하고 깊은 수면에 들지 못하면 노폐물을 걸러주지 못하게 되고 뇌에서 식욕 조절 전달 체계가 무너지면서 비만을 비롯해 현대인이 겪는 많은 질병의 원인이 되기도 한다.

수면 장애는 현대인이 겪는 많은 질병의 원인이 되기도 한다.

우리 몸에 가장 알맞은 수면 시간은 여덟 시간 정도로 알려져 있다.

근육과 지방의 칼로리 저장량

그렇다면 지방은 우리가 살아가는 데 필요한 에너지를 어떻게 축적하고 있을까. 음식을 통해 우리가 섭취하는 영양소 중에서 지방은 1그램당 9칼로리, 단백질과 탄수화물은 1그램당 4칼로리에 해당한다. 동일한 양을 섭취하더라도 지방을 섭취할 때 더 많은 열량을 우리 몸속에 받아들이고 있는 것이다.

또 이러한 영양소들은 체내에 저장될 때도 차이가 있다. 단백질과 탄수화물은 체내에서 물과 함께 섞여 주로 근육에 저장되는데, 그 비율이 1:3 정도 된다. 즉 단백질 1그램당 물 3그램이 필요하다.

만약 근육의 구성 성분이 단백질뿐이라고 가정했을 때 근육 1그램은 1칼로리로 환산할 수 있다. 탄수화물도 이론적으로는 단백질과 마찬가지로 1칼로리로 환산할 수 있다. 반면 지방은 탄수화물이나 단백질과 달리 물과 거의 섞이지 않는 데다 지방 조직에 저장되기 때문에 1그램당 9칼로리에서 변함이 없다. 즉 체내에 저장된 지방은 탄수화물과 단백질과 동일한 양이 저장되어 있더라도 열량 면에서 훨씬 더 높다.

하지만 이론을 떠나 실제 우리 몸을 정확히 이야기해보면, 근육은 순수하게 단백질로 구성되어 있지 않고 지방 조직도 순수하게 지방만으로 채워져 있지 않다. 서로 일정량 섞여 있다. 마블링이 잘된 등심을 생각해보자. 마블링 자체가 근육에 박혀 있는 지방이다. 지방 조직도 순수하게 일정량의 수분과 단백질로 구성되어 있다. 그래서 근육과 지방 조직의 칼로리 비율은 1:9가 아니라 대략 1:4~1:7 사이가 된다고 생각하면 된다.

예를 들어 몸무게 70킬로그램인 사람이 12킬로그램의 체지방을 몸에 저장하고 있다고 생각해보자. 순수하게 지방으로 저장되었다면 칼로리로 계산했을 때 대략 10만 8,000칼로리가 된다.

우리가 하루 2,000칼로리를 소비한다고 가정했을 때, 일정량의 칼로리를 섭취하지 않아 54일이나 생존할 수 있는 양이다. 만약 12킬로그램의 지방을 단백질이나 탄수화물로 저장한다면 문제는 심각해진다. 대략 우리 몸무게가 70킬로그램이 아니라 152.5킬로그램이 되어야 하기 때문이다. 적은 양으로도 충분히 많은 열량을 보관할 수 있는 체지방은 진화의 산물이 안겨준 축복인 셈이다.

체내의 저장 능력 이상으로 지방을 섭취하면 문제를 일으키지만, 에너지를 저장한다는 점에서 지방 조직은 굉장히 효율적인 영양소라 할 수 있다.

　　또 최근에 체지방을 극도로 제한해 근육을 키우는 사람들이 늘고 있다. 지방의 역할을 생각했을 때 체지방을 제로에 가까울 정도로 유지하는 것은 결코 몸에 좋다고 볼 수 없다. 앞서 살펴본 것처럼 갑자기 음식을 섭취할 수 없는 환경에 놓인다면 몸에 지방이 있는 사람이 근육만 있는 사람보다 오래 살아남을 확률이 높다. 진화를 통해 키워온 지방 세포의 기능을 효과적으로 활용할 수 있는 지혜가 필요하다.

인류는 굶어 죽는 문제를 지방 세포의
진화를 통해 해결했다. 하지만 허기를
느끼는 신체의 특성상 배가 고프면 우리
몸은 스트레스를 받는다. 이때 스트레스
호르몬이 생성되어, 굶고 있을 때 일어
나는 여러 가지 반응을 조절한다.

_____

_____

_____

_____

_____

_____

_____

LESSON 13

혈당과 호르몬은
오늘도 끝없이 밀당 중

인슐린 저항성과 당뇨

인간은 체내의 세포에서 일어나는 대사 반응이라는 화학 반응을 통해 생명을 유지한다. 일상생활에 필요한 에너지를 생성하고 단백질이나 핵산 같은 세포의 구성 성분을 합성하는 과정이 곧 대사 반응이다. 인슐린은 췌장에서 분비되는 호르몬으로, 혈액 속의 포도당을 일정하게 유지하는 역할을 한다. 주로 지방 조직, 근육, 간에 작용하여 이런 역할을 해낸다.

인슐린이나 글루카곤 같은 물질은 혈당을 조절하고 체지방을 조절하는 역할을 한다. 음식을 섭취하면 혈액을 통해 들어온 혈당이나 여러 종류의 지질들이 간이나 췌장, 근육과 상호 작용하여 우리 몸의 여러 가지 대사 반응을 조절하는 것이다. 만약 인슐린이 제대로 만들어지지 않고 분비가 원활해지지 않으면 혈당이 세포에 스며들지 못한 채 혈관 속에 남아 당뇨병을 일으킨다.

혈당을 높이는 인슐린 저항성

다이어트를 하기 위해 음식 섭취량을 줄이거나 음식을 먹지 않은 상태에서도 혈당은 일정 수준을 유지한다. 공복 상태일 때의 혈당 수치를 조절하는 것도 간이 하는 역할이다. 간은 체내에 유입되지 않는 영양소를 대신해 다른 영양소를 분해하여 혈당을 공급한다. 포도당 신생 합성이라는 과정인데, 인슐린은 이러한 작용을 억제하는 역할을 하는 호르몬이다.

또한 몸이 뚱뚱해지거나 운동 부족이거나 지방을 지나치게 많이 섭취하면 우리 몸의 장기들이 인슐린에 반응하는 능력이 저하된다. 간에 지방, 그중에서도 중성지방이 과도하게 쌓여 지방간이 되면 인슐린에 반응하는 능력이 줄어드는 것이다. 근육도 마찬가지다.

이렇게 인슐린에 대한 반응 능력이 떨어지는 것을 인슐린 저항성이 생겼다고 표현한다. 이 인슐린 저항성은 대사 증후군의 주요 원인이고 당뇨병, 이상지질혈증, 심혈관 질환, 암을 일으키는 것으로 알려져 있다.

또 과도하게 분비된 인슐린은 성장 인자growth factor와 반응해 세포의 성장을 촉진시킨다. 성장 인자는 세포와 체내 조직의 수와 중량을 늘리는 생리 화학 물질이다. 그런데 다양한 변화를 겪으면서 대장암, 간암 등 암세포의 발달을 일으키는 경우도 있다.

지방 조직에서도 인슐린 저항성이 생기는데, 주로 지방 세포가 비대해지면서 생긴다. 지방은 혈액을 떠다니는 당이나 지질을 세포 내로 넣어주는 역할을 하는데 그런 역할에 제한이 생기는 것이다.

인슐린 저항성은 비만, 잘못된 식습관, 운동 부족 등으로 인슐린이 간이나 지방, 근육에 대해 제 기능을 하지 못해서 생긴다. 인슐린 저항성이 생기면 우선 포도당 신생 합성이 제대로 이뤄지지 않아 혈당이 오른다. 또 간에서 혈당을 글리코겐으로 바꿔 저장하는 능력도 현저히 떨어져 혈액 속에 혈당이 남아 혈당 수치가 상승한다.

그런데 인슐린 저항성이 점점 증가하면, 췌장에서는 더 많은 인슐린을 분비한다. 인슐린 분비에도 불구하고 혈당 수치가 줄어들지 않는 상태가 계속될 때, 이를 당뇨병이라고 부른다. 당뇨병에 걸리면 높은 혈당 때문에 갈증을 느끼고, 결국 소변량이 늘어나고 체중이 줄어든다.

혈당 수치가 높은 상태로 계속 유지되면 다양한 합병증을 유발한다. 대표적으로 망막에 손상이 생겨 실명하기도 하고, 신장 기능이 저하되어 투석을 하기도 한다. 문제는 이러한 인슐린 저항성이 증가하고 있어도 초기에는 우리가 느낄 수 있는 증상이 특별히 없다는 점이다.

인슐린 저항성을 점검하려면 먼저 혈당을 측정해야 한다. 일반적으로 금식한 이후에 혈당을 측정하고, 두 시간 후에 다시 혈당을 측정하는 방법이 가장 간단하다.

하지만 인슐린 저항성이 일정 단계 이상으로 진행되어

야만 유의미한 혈당 변화가 관찰되기 때문에 개인적으로 측정하기보다는 가급적 병원에서 전문적인 방법으로 확인하는 것이 좋다. 이외에도 HOMAHomeostatic Model Assessment 나 QuickiQuantitative insulin sensitivity check index나 매컬리 지수McAuley Index 등의 측정 방법이 있다.

그러나 인슐린 저항성이라는 지표는 질병이 아닌 병리 현상이기 때문에 임상에서는 활용하지 않을뿐더러 건강 보험에도 적용되지 않는다는 한계가 있다. 그 대신 일반인들은 체지방 관리를 통해 인슐린 저항성을 간접적으로 관리하는 것이 좀 더 현실적인 방법이라고 할 수 있다. 복부 비만을 관리하고 적절한 운동을 병행하면서 혈당과 함께 인슐린 저항성까지 관리한다는 개념으로 접근하는 것이 좋다.

지방 세포를 식욕 조절에 활용하는 법

인슐린 저항성과 함께 주목해야 하는 것이 지방 세포에서 분비하는 전달 물질이다.

지방 세포는 다양한 신호 전달 물질을 분비하는데 이를 통틀어 아디포카인adipokine이라고 부른다. 지방 세포를 의

172

미하는 아디포adipo와 세포가 분비하는 신호 전달 물질인 사이토카인cytokine이 합쳐진 말이다.

이러한 신호 전달 물질은 우리가 음식을 섭취했을 때 지방 세포가 음식을 먹었다는 신호를 우리 신체 내부에 알리는 역할도 한다. 이 과정을 통해 식욕을 조절하는 역할까지 한다.

한편 아디포카인 중 아디포넥틴adiponectine은 건강한 지방 세포에서 만들어져 체내의 인슐린 저항성을 개선한다. 또 동맥경화와 암 발생을 줄여준다. 우리 연구진에서 유방암 환자들과 함께 아디포넥틴의 효과를 살펴보는 연구를 진행한 결과, 유방암의 재발 확률을 낮추는 효과가 있다는 것을 확인했다. 그러나 아디포넥틴은 우리 몸이 비대해지면 분비가 줄어 이런 효과가 사라진다.

지방 세포는 아디포넥틴만 분비하는 것이 아니다. 수십 가지의 아디포카인을 분비한다. 이 중에는 염증 관련 물질들도 있고 식욕 조절과 관련된 물질들도 있다.

지방 세포는 주변으로부터 오는 신호, 지방 세포의 비대한 정도, 혈액 내 영양소의 양 등의 변화에 따라 대응해가며 이들 아디포카인의 분비를 조절한다.

체내 지방 세포를 건강한 상태로 유지하려면 우선 식생활 개선이 필요하다. 이때는 당 지수가 낮은 음식이 효과적이다. 탄수화물을 섭취할 때도 정제가 덜 된 곡물을 섭취하려고 노력해야 한다. 흰쌀보다는 잡곡으로 밥을 짓고, 현미처럼 도정을 덜한 곡식을 주로 먹는 것이 당 지수를 낮춰준다. 또 흰 빵보다 호밀빵이나 통밀빵을 먹는 것도 도움이 된다. 똑같은 밥이나 빵을 먹어도 흡수율이 낮아 혈당이 상승하는 것을 늦출 수 있다.

단, 현미나 곡물류를 지나치게 많이 섭취하면 파이테이트phytate라는 성분이 체내의 칼슘을 배출하기 때문에 골다공증 발병 확률이 높아진다. 하지만 혈당과 인슐린 저항성을 줄여주는 음식이므로 적절한 비율로 골고루 섭취하는 것이 현명하다. 또한 운동과 식습관 개선을 통해 복부 비만을 줄이는 것이 급선무다. 마른 비만처럼 복부 비만이 겉으로 드러나지 않거나 허리둘레가 크지 않더라도 유산소 운동을 통해 근력을 강화하는 것이 좋다.

쓰고 말하는 페이지

복부 비만을 관리하고 적절한 운동을 병행하면서 혈당과 함께 인슐린 저항성까지 관리한다는 개념으로 접근하는 것이 좋다.

LESSON 14

장 속 세균을
건강하게 지키는 법

프로바이오틱스보다 프리바이오틱스

최근 프로바이오틱스에 대한 관심이 높아졌다. 체내에 유입

되어 건강에 큰 도움을 주는 살아 있는 균인 프로바이오틱

스의 다양한 연구 결과가 발표된 덕분이다. 건강 보조제 시

장에서도 프로바이오틱스 제품들이 대거 등장했다. 과거에

는 대부분 유산균을 이용해 만든 발효유 제품 형태로 유통

되었는데, 이제는 건강 보조제 형태나 건강식품으로도 만들어지고 있다.

또한 장내 세균을 효과적으로 늘려주어 우리 몸을 건강하게 만들 수 있다는 정보들이 넘쳐나고 있다. 이러한 장내 세균이 건강하게 살아서 활동할 때 인슐린 저항성을 개선하고, 동맥경화나 심혈관 질환 등 다양한 질병에 대해 효과가 있는 것으로 보고되고 있다. 즉 배 속이 편안해야 우리 몸 전체가 건강해질 수 있다는 말과 다르지 않다.

건강한 마이크로바이옴 환경을 유지하라

대장에 세균이 많다는 사실은 이미 오래전부터 알려져 있었다. 그런데 최근 들어 장내 세균들이 단순히 장에서 영양소를 흡수하는 역할을 하는 데 그치지 않고, 몸의 다양한 기관들과 서로 신호를 주고받는다는 사실이 동물 실험을 통해 밝혀졌다. 예를 들어 비만인 쥐의 변에서 채취한 균을 마른 쥐의 장에 넣었더니 어느 순간 마른 쥐가 뚱뚱해지기 시작한다는 것을 발견했다. 또 반대로 마른 쥐의 변에서 균을 채취해 뚱뚱한 쥐의 장에 넣었더니 뚱뚱한 쥐가 마르기 시작한 것이다.

물론 실험실에서 이뤄진 동물 실험 결과라는 점과 프로바이오틱스의 효과에 대해서는 여전히 의견이 분분하지만 대체로 장내 세균을 잘 관리하면 우리 건강에 도움이 된다는 데에는 많은 이들이 동의한다.

체내에 있는 세균이나 바이러스 같은 각종 미생물을 총칭하는 마이크로바이옴microbiome에 대해서도 많은 연구가 이뤄지고 있다. 성인을 기준으로 인체 내에는 38조 개의 미생물이 살고 있다고 한다. 이들은 크게 유익균과 유해균으로 나뉘는데, 유익균은 주로 장내에서 활동하며 인체가 만들어내지 못하는 대사 물질을 만들어내고, 병원균의 생장을 억제한다. 또 음식물의 소화와 영양소의 흡수를 돕는 역할을 한다.

우리 몸속에서 프로바이오틱스를 잘 자라게 하는 방법은 과일과 채소 같은 식이 섬유를 섭취해 세균들의 먹이를 늘려주는 것이다. 즉 인체에 이로운 미생물을 의미하는 프리바이오틱스를 섭취함으로써 인체에 유익한 프로바이오틱스를 활성화시키고, 우리 몸에 유해한 균을 억제하는 것이다.

한마디로 프로바이오틱스의 먹이가 프리바이오틱스다. 프리바이오틱스를 다량 함유하고 있는 식품으로는 식이 섬유가 풍부한 채소류, 과일류, 발효 식품류 등이 있다. 대표적인 식품으로는 양배추, 고구마, 미역, 바나나 등이 있다.

주변에 프로바이오틱스만 줄기차게 사서 드시는 분들을 흔히 볼 수 있다. 하지만 프로바이오틱스만으로는 효과가 제한적인 경우가 많다. 효과를 제대로 얻으려면 몸에 이로운 세균이 잘 자랄 수 있도록 장내 환경을 조성해주는 것이 더 중요하다. 이런 의미에서 프리바이오틱스에 더 많은 관심을 가질 필요가 있다.

동물 실험의 한계와 현실

최근에는 장과 뇌가 서로 신호를 주고받으며 연결되어 있다는 연구 결과가 나오면서 장이 건강해야 뇌가 건강해진다는 이론도 주목받고 있다. 이른바 장이 곧 제2의 뇌라고 인식하게 된 것이다.

문제는 현재까지 이뤄진 연구만으로는 장과 뇌의 상관관계에 대해 여전히 밝혀지지 않은 부분이 더 많다는 점이다.

또한 실험 결과라는 사실을 받아들이는 자세도 필요하다. 실험실에서 이뤄지는 동물 실험은 다른 모든 조건은 배제한 채 해당 실험 조건에 대한 결과만을 확인하는 과정이다.

이러한 실험은 다른 조건이 통제된 동물에게서 확인된 결과일 뿐이라는 점을 유의해서 받아들여야 할 것이다. 그러므로 인간의 몸에서도 비슷한 결과를 기대할 수 있는 연구 결과는 현재로서는 없다고 보면 된다. 인간에게서 동일한 결과가 나온다는 보장도 없을뿐더러, 인간의 일상생활에서 맞닥뜨리는 수많은 환경의 변수들을 고려하면 동물 실험 결과만으로는 효과를 백 퍼센트 확신할 수 없다.

프로바이오틱스만으로는 효과가 제한적인 경우가 많다. 효과를 제대로 얻으려면 몸에 이로운 세균이 잘 자랄 수 있도록 장내 환경을 조성해주는 것이 더 중요하다.

PART 5

한 끼부터 제대로 시작하는
하루 건강 섭식

LESSON 15

편식보다 건강 정보 편식이
더 위험하다

건강 정보 독해법

한국인의 사망 원인 1위로 꼽히는 질병은 암이다. 과거에는 뇌졸중이나 결핵 같은 감염성 질환이 사망의 주요 원인이었다. 하지만 생활 습관의 변화와 서구식 식단의 유입으로 비만 인구가 증가하고 발암 물질에 많이 노출되면서 유방암이나 대장암 같은 서구형 암의 발병률이 높아졌다.

또 암의 뒤를 이어 심장 질환도 한국인의 주요 사망 원인으로 꼽히고 있다. 심장 질환 또한 비만과 관련이 높다. 이외에도 뇌혈관 질환, 폐렴, 스트레스와 우울증으로 인한 자살도 사망의 주요 원인으로 조사되고 있다. 또한 1980~1990년대에는 흔히 볼 수 없었던 당뇨병도 환자가 빠른 속도로 늘어나고 있는 실정이다.

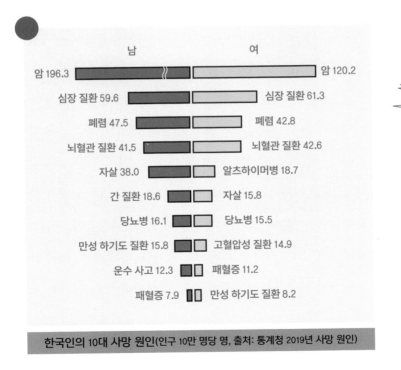

한국인의 10대 사망 원인(인구 10만 명당 명, 출처: 통계청 2019년 사망 원인)

암 발병률 증가와 수명 증가의 상관관계

몇 년 전에 한 연구진이 지금까지는 인류의 수명이 계속 늘어왔지만 앞으로는 점점 줄어들지 모른다는 연구 결과를 발표했다. 어떤 이유로 수명이 줄어든다는 것인지 무척 궁금했다. 그들이 내세운 수명 단축의 원인은 크게 두 가지다. 암 발병과 비만 인구가 늘어나기 때문이라는 것이다. 암 발병이 늘어나 더 이상의 수명 연장이 어려워질 것이고, 비만 인구의 증가로 인한 관련 질병의 유병률이 급속히 상승할 것이라는 이유에서다.

그러나 어떤 연구든 접근 방식에 따라 해석은 달라질 수 있다. 이 연구 결과를 한 번쯤 뒤집어 따져볼 필요도 있을 것이다. 왜 인간이 암에 점점 더 많이 걸리는 걸까. 보통 암의 발병률 증가 원인으로 음주로 인한 건강 악화나 발암 물질에 대한 노출이 늘어난 것을 지목한다. 직접적인 원인으로만 보면 모두 가능성 있는 요인들이다. 하지만 좀 더 근본적이면서 보편적인 원인을 꼽으라고 한다면 우리 인간이 오래 살게 되었다는 점을 들 수 있다.

수명 단축 원인으로 암 발병률을 꼽았더니, 수명이 늘어나 암에 잘 걸린다는 알쏭달쏭한 이야기를 꺼내 혼란스러울 수 있다. 하지만 인간이 오래 사는 만큼 각종 질병을 일으키는 원인에 많이 노출될 수밖에 없는 것이 사실이다.

실제로 우리 몸에서는 암으로 발전할 수 있는 세포들이 매일같이 생성된다. 몸속 면역 체계가 아무리 암 유발 세포들을 잡아내 신체를 건강한 상태로 유지하려고 애써도 시간이 지날수록 이런 면역 체계의 작용을 피해갈 확률이 높아지기 때문이다.

게다가 인간이 나이를 먹을수록 면역 체계는 능력을 제대로 수행할 수 없게 되고, 우리 몸은 서서히 질병에 노출된다. 어쩌면 암이 인간의 수명이 점점 늘어나는 것을 막고, 수명을 줄여주는 역할을 하고 있는지도 모른다.

비타민 C는 정말 감기에 효과가 있을까?

건강한 삶을 위협하는 질병과 그 원인에 대한 정보는 수없이 많다. 그런 까닭에 최근 잘못된 건강 정보가 오히려 건강을 해치는 경우를 종종 본다. 인간의 수명이 늘어난 만큼, 그리고 각종 질병을 유발하는 환경과 비만해지기 쉬운 환경에서 살아가는 만큼 건강에 대한 정보와 질병에 대한 대비를 해야 할 것이다.

건강과 관련된 정보들 중에는 일반인들이 쉽게 구할 수 없는 영양 성분이나 손쉽게 따라 하기 힘든 운동법들도 많다. 현실적으로 실천하기 어려운 정보들보다는 일상생활에서 손쉽게 따라 할 수 있는 정보들을 꾸준히 실천하는 것이 더 도움이 될 것이다.

대표적인 것이 감기 예방과 관련된 실천법이다. 날씨가 추워지면 가벼운 감기를 비롯해 유행성 독감까지 인간의 건강을 위협한다. 감기에 안 걸리도록 예방하는 다양한 방법들이 알려져 있다. 가장 쉬운 방법은 비타민 C를 많이 섭취하거나 몸을 따뜻하게 해주는 차를 많이 마시는 것이다. 하지만 이런 방법이 효과적이라는 근거는 별로 없다. 여러 연구 결과를 모아 통합적으로 분석한 메타 분석 결과를 보더라도 이런 것들이 감기를 막아준다는 결과는 거의 없다. 그대신 증상을 조금 완화시켜준다는 결과가 있긴 하다.

감기 예방을 위해서는 이런 데 돈과 시간을 쓰기보다 감기 바이러스에 노출되지 않도록 예방하는 것이 훨씬 더 효과적이다.

면역력 증진 vs 마스크 착용, 무엇이 더 현명한가?

2020년 전 세계를 강타한 코로나19로 인해 인류는 바이러스와의 전쟁을 치르고 있다. 감기를 비롯해 각종 바이러스로부터 우리 신체를 보호하는 방법은 비말을 차단하는 것이다. 자신의 호흡기를 통해 분산되는 비말과 타인의 호흡기에서 분출되는 비말을 막기 위해서는 반드시 모두가 마스크를 쓰고 있어야 한다.

마스크와 함께 손을 깨끗하게 관리하는 것도 바이러스 감염으로부터 우리를 지키는 방법이다. 바이러스는 손에 묻어도 피부로 침투할 수 없다. 그 대신 눈과 코를 손으로 만지게 되면 곧바로 혈관과 직결되는 점막을 통해 바이러스가 신체로 침투하게 된다. 따라서 감기나 코로나 바이러스로부터 우리 몸을 지키려면 눈과 코를 손으로 만지는 행위를 가능한 한 줄이고, 손에 바이러스가 묻지 않도록 늘 깨끗한 상태를 유지해야 한다.

의료 기관에서 근무하는 의료진도 환자를 대할 때는 될 수록 직접적인 신체 접촉을 피하고, 환자 사이의 교차 감염을 줄이기 위해 늘 손을 씻어야 한다. 그리고 불가피하게 눈

과 코를 만져야 할 경우에는 반드시 손을 깨끗이 씻거나 알
코올로 소독한 후에 만진다. 이런 간단한 방법만 지켜도 바
이러스로부터 안전한 생활을 할 수 있고, 의료비를 절약할
수 있다.

간혹 어떤 연구자들은 감기와 면역력의 상관관계를 지
적하기도 한다. 면역력을 키우면 감기와 같은 바이러스로부
터 안전하다는 주장이다. 또 신체의 면역력을 강화하는 식
품이나 건강 보조제 섭취를 추천하기도 한다.

하지만 바이러스가 우리 몸에 침투했을 때에만 면역력
이라는 보호 체계 자체가 발동된다는 점을 생각하면 바이러
스를 원천적으로 차단하는 것이 우선이다.

손을 씻는 간단하고도 확실한 방법이 있는데, 번거롭고
큰 비용까지 들여야 하는 방법을 쓸 이유는 없지 않겠느냐
는 말이다.

우리 몸의 면역 체계에 관여하는 장기는 너무 많다. 비
만과 마찬가지로 우리 몸의 면역 체계가 무너지기 시작하면
도미노 현상처럼 우리 몸의 장기와 신경 계통이 연이어 망
가지게 되어 있다. 이처럼 우리 몸의 면역 체계는 이중, 삼
중으로 보호되고 있지만 몸에 좋은 음식이나 영양소를 잠시

코로나19로 세계인이 불안 속에 살아가고 있는 요즘,
감기 환자가 급격히 줄었다는 것만 봐도
손 씻기와 사회적 거리 두기의 효과를 확인할 수 있다.

섭취한다고 해서 전체 면역력이 강화되는 것은 불가능하다. 일부 신체 기관이 좋아지는 효과는 기대할 수 있어도 신체 내부의 복잡한 관계를 고려할 때 그리 간단하게 개선되기는 힘들다고 생각한다.

한편 면역력을 강화해준다는 특정 건강 보조제의 경우, 특정 영양소가 부족한 사람에게는 도움이 될 것이다. 하지만 우리가 먹는 음식 속에 웬만한 영양소가 포함되어 있기 때문에 면역력을 강화할 목적으로 특화된 식품들은 권하고 싶지 않다. 오히려 손을 씻는 행위처럼 간단하지만 확실한 방법이 우리 몸을 지키는 가장 좋은 실천법이라고 할 수 있겠다.

하물며 코로나19로 세계인이 불안 속에 살아가고 있는 요즘, 감기 환자가 급격히 줄었다는 것만 봐도 손 씻기와 사회적 거리 두기의 효과를 확인할 수 있다.

발암 물질보다 위험한 요인들

특히 발암 물질에 관한 건강 상식 정보처럼 사람들의 공포심을 자극하는 정보들은 사실보다 과장된 경향이 있다. 한 연구 자료에 의하면, 가공육이 발암 물질을 포함하고 있다고 한다. 또한 매년 전 세계적으로 3만 4,000명이 가공육을 먹고 암을 일으켜 사망한다는 뉴스가 연이어 등장하기도 했다. 당시 사람들은 가공육이 곧 발암 물질이라는 연상 작용 때문에 앞뒤 가리지 않고 가공육을 멀리하기에 이르렀다. 매년 60만 명을 사망에 이르게 만드는 음주나 매년 100만 명을 사망하게 만드는 흡연보다도 강도가 약한 가공육에 대한 뉴스만 믿고 엉뚱한 건강 대책을 세우는 실수를 너무나 쉽게 범하고 있는 현실이다.

인공 감미료, 즉 MSG가 발암 물질이라는 정보도 또 다른 대표적인 예다. 또 마늘이 소화기 계통에 좋다는 뉴스도 한동안 대중들에게 주목을 받았다. 이러한 정보들은 사실

발암 물질	매년 사망하는 사람 수
가공육	34,000명
적색육	50,000명
흡연	1,000,000명
음주	600,000명
대기 오염	200,000명

공포심을 자극하는 발암 물질 유해 정보

동물 실험을 통해 증명이 되었더라도 인간에게 동일한 결과가 나온다는 것을 보장할 수 없다. 따라서 건강과 관련된 정보는 가급적 전문가와 상의해 선택하는 것이 좋다. 그리고 개인별 진단을 통해 각자에게 맞는 건강 정보를 활용하는 지혜가 필요하다.

우리 몸의 면역 체계에 관여하는 장기는 너무 많다. 비만과 마찬가지로 우리 몸의 면역 체계가 무너지기 시작하면 도미노 현상처럼 우리 몸의 장기와 신경 계통이 연이어 망가지게 되어 있다.

다섯 가지
색깔 음식으로 먹어라

건강 보조제와 자연식에 대한 오해

최근에 많이 등장하고 있는 건강 관련 방송 프로그램을 보면 하나같이 특정 영양소나 건강 관리법을 부각시키는 경우가 많다. 천편일률적으로 어떤 연구소나 대학에서 발표한 임상 결과만을 강조하며 건강식품으로 제품화해 온 국민에게 홍보하는 경우가 많다. 운동법도 마찬가지다. 한때 자신의 신체적 조건을 고려하지 않고 비쩍 마르기만 하면 아름다운 것으로 인식해 무리한 다이어트가 유행하기도 했다.

최근에는 신체의 근육을 한껏 발달시켜 보디빌더 같은 몸매를 갖고자 하는 사람들이 늘어나고 있다. 물론 근육을 키우고 운동을 해서 나쁠 것은 없다. 다만 자신의 신체적 능력에 맞는 적절한 운동법을 찾지 않고 유행만 좇다가 오히려 신체에 손상을 입지 않도록 조심해야 한다.

내 몸에 문제를 일으키는 활성 산소

특히 건강을 위해 먹는 건강 보조 식품이나 영양제 같은 것은 특정 영양소만을 추출해 제품으로 만든 것이 많다. 그렇다 보니 각종 영양소를 챙기느라 한 번에 먹는 알약의 양만 해도 밥 한 공기에 버금가는, 웃지 못할 해프닝도 일어난다. 대표적인 것이 항산화제다.

항산화제에 대한 오해부터 풀어보자. 시중에서 판매되는 많은 건강 보조제의 성분을 살펴보면 항산화에 지나치게 집중하는 양상이다. 과연 항산화 작용이 무엇이기에 이토록 사람들이 맹신하게 된 것일까. 우선 항산화제를 설명하기 전에 활성 산소에 대해 짚고 넘어가자.

생물은 생존하기 위해 호흡을 한다. 체내로 산소를 받아들이고 이산화탄소를 배출하는 과정에서 에너지를 만드는 것이 바로 호흡이다. 이때 체내로 유입된 산소는 대부분 에너지를 만드는 데 쓰이고, 그 과정에서 약간의 활성 산소가 만들어진다.

약간의 활성 산소는 우리 몸에 필요하지만, 과도하게 생성된 활성 산소는 세포나 조직, 심지어는 DNA까지 손상을 일으킨다. 또 염증을 일으키고 우리 몸에 있는 단백질을 변형시켜 종양을 만들기도 한다.

이러한 활성 산소를 제거하기 위해 우리 몸에는 항산화 시스템이 자연적으로 갖춰져 있다. 만약 체내의 항산화 시스템이 활성 산소의 생성 속도를 감당하지 못할 때에는 보조적 수단으로 항산화제를 섭취해 활성 산소를 제거하면 된다. 시중에서 판매하는 건강 보조제들이 바로 그런 인공적인 형태의 항산화제다.

그런데 문제는 많은 논문에서 지나친 항산화 작용이 암이나 심근경색에 취약하다고 지적하고 있다는 것이다. 또 미국의 암 연구소에서는 특정 음식의 성분이 암을 예방하는

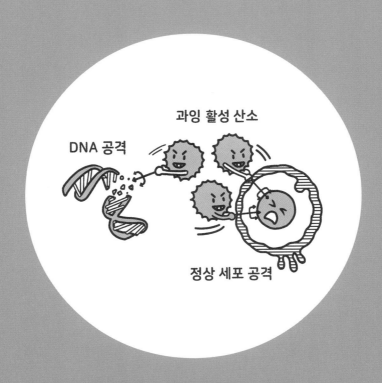

과잉 활성 산소

DNA 공격

정상 세포 공격

활성 산소를 제거하기 위해 우리 몸에는
항산화 시스템이 자연적으로 갖춰져 있다.

근거가 없다고 선언하기도 했다. 암을 예방하는 음식만 섭취하는 것보다 전반적으로 영양의 균형을 맞춘 음식을 골고루 섭취하는 것이 더 효과적이라는 말이다. 실험실에서 나온 데이터만 믿고 특정 영양소를 섭취하는 것은 경계할 필요가 있다.

또 실험실의 데이터를 맹신할 경우 자칫 그릇된 정보 때문에 통해 건강을 해치는 결과를 낳을 수도 있다. 예를 들어 된장이 암 예방에 효과가 좋다는 것을 증명하기 위해 실험군 쥐에게는 된장을 주고, 대조군 쥐에게는 사료만 주는 실험을 한다고 가정해보자. 그런데 실험 결과, 된장을 준 쥐는 살이 빠지는 결과를 얻었다. 사람이 먹는 음식을 쥐가 먹지 못한 것이다. 이렇게 편협한 실험의 결과를 바탕으로 된장이 비만을 줄여 암을 예방한다는 식으로 확대 해석한 정보나 뉴스들이 우리 주변에는 너무 많이 널려 있다. 또 쥐에게 효과가 있었던 성분이 사람에게 동일한 효과를 발휘할 수 있는지도 미지수다.

항산화제, 과연 얼마나 먹어야 할까?

항산화제에 대한 잘못된 정보를 제대로 선별할 수만 있다면 고용량의 항산화 효과를 발휘하는 제품도 우리 몸에 나쁜 것은 아니다. 우리 몸속에 자연적으로 갖춰져 있는 면역 체계에서도 다양한 세균이나 바이러스를 죽이는 산화 작용을 하기 때문이다. 다만 너무 강한 산화 작용으로 우리 체내의 기능을 모두 억제할 경우에는 문제가 될 수 있다.

특히 과도한 산화 작용은 혈관 질환이나 암을 일으키는 원인으로 지목된다. 적절한 산화 작용을 돕는 영양소는 건강 보조제로 출시된 제품보다 자연 속 음식에서 쉽게 구할 수 있다. 식재료를 고를 때에도 가급적 음식의 색깔을 다양하게 구성하면 산화 작용에 도움이 되는 음식을 섭취할 확률이 높다.

또한 특정 영양소를 집중해서 먹지 않아도 되기 때문에 우리 몸의 영양 균형 면에서도 훨씬 도움이 된다. 주의해야 할 것은 균형이 잘 잡힌 영양 공급이 이뤄지고 있는 상황에서 항산화제를 과도하게 섭취하면 멀쩡히 돌아가던 신체 기관도 균형이 무너질 수밖에 없다는 점이다.

게다가 항산화제 같은 건강 보조제들도 미디어나 의약외품 업계에서 집중적으로 홍보하고 판매하는 덕분에 유행을 타기도 한다. 가장 대표적인 것이 오메가-3나 크릴 오일 제품이다. 오메가-3의 경우 동맥경화를 예방하고 치매나 암까지 예방하는 효과가 있다는 보고 덕분에 한동안 건강 보조제뿐만 아니라 수산물에서도 오메가-3를 광고하는 열풍이 일기도 했다.

또 최근에는 남극해에 서식하는 갑각류인 크릴에서 추출한다는 크릴 오일이 인기를 끌고 있다. 각종 인지질이 풍부하게 들어 있어 항산화 효과가 크다고 여러 매체에서 소개하고 있다. 하지만 우리 몸에 필요한 인지질은 체내에서 충분히 만들어낼 수 있는 것으로 알려져 있다. 그리고 인지질이 특별히 몸에 좋다는 근거도 별로 없다.

게다가 건강 외적인 부분에서도 오메가-3나 크릴 오일에 대해서는 부정적이다. 해당 물질을 얻기 위해서는 어마어마한 양의 생선과 갑각류를 잡아서 추출하는 과정이 반드시 필요하다. 그 과정에서 나오는 부산물을 폐기하는 것 또한 만만치 않은 부담이라고 생각한다.

보통 의학계에서는 오랜 시간에 걸친 연구를 통해 새로

운 영양소의 효능을 정리해 발표한다. 문제는 그런 새로운 연구 결과들을 온전히 받아들이는 데 한계가 있다는 점이다. 개인마다 신체 조건의 편차도 클 뿐만 아니라 현재 자신의 영양 상태에 따라 해당 영양소가 반응하는 데에도 차이가 있기 때문이다. 필수 영양소라는 말만 믿고 무작정 시중에서 판매하는 건강 보조제들을 구입해 섭취하는 것은 가급적 지양하기 바란다. 건강 보조제들을 섭취하기 전에는 반드시 병원이나 전문가를 찾아가 검진을 통해 자신의 신체 상태를 확인한 뒤에 해당 제품들을 섭취하는 것이 좋다.

빨노녹검흰, 건강을 지키는 다섯 가지 색깔을 기억하라

건강 보조제 대신 자연에서 바로 재배하거나 채취한 재료로 만든 음식을 골고루 먹는 것을 추천한다. 어떤 영양소가 들어 있는지 일일이 찾아보기 어렵다면 식재료를 다섯 가지 색깔로 구성한 것을 추천한다. 일반적으로 컬러 푸드라고 소개하는 것들이다.

빨간색 음식은 혈관을 개선하는 데 도움이 된다고 알려져 있다. 토마토, 사과, 석류, 딸기 등에는 항암 효과와 면역력 증가 효과가 있고, 혈관 강화에 좋은 라이코펜, 체내 유해 산소를 제거하는 항산화 작용에 좋은 안토시아닌이라는 파이토케미컬이 들어 있다.

노란색 음식은 심장 질환과 암을 예방하는 데 효과적이며 면역 기능을 강화시켜준다. 고구마, 밤, 호박, 옥수수 등에는 카로티노이드라는 파이토케미컬이 함유되어 있고, 항암, 항산화, 노화 예방의 효과가 있다. 또 비타민 C와 오메가-3 지방산, 엽산 등도 함유되어 있다.

녹색 음식은 간세포를 재생하는 데 효과적이라고 알려진 클로로필이라는 파이토케미컬을 함유하고 있다. 또 잎채소, 콩류, 오이, 셀러리 같은 채소에는 눈 건강에 좋은 루테인 성분이, 브로콜리, 케일, 양배추와 같은 채소에는 DNA 손상과 암을 예방하는 성분이 들어 있다고 알려져 있다.

검은색 또는 자색 음식은 강력한 항산화 작용을 통해 세포 손상을 막고 노화 예방과 면역력 강화에 도움이 된다고 알려져 있다. 또 정상 혈압을 유지시켜주고, 혈전이 생기는 것을 억제해준다. 대표적인 것이 가지, 포도, 블루베리 등이며, 안토시아닌이라는 파이토케미컬을 함유하고 있다.

마지막으로 흰색 음식은 콜레스테롤과 혈압 감소, 심장

질환과 암 예방에 효과적이라고 알려져 있다. 양파, 마늘, 버섯, 도라지 등이며 안토잔틴이라는 파이토케미컬을 함유하고 있다. 주로 뿌리채소를 떠올리면 기억하기 쉽다.

지금 소개한 다섯 가지 음식을 먹을 때에도 주변에서 구하기 어려운 희귀한 음식을 소개한다고 해서 무조건 따를 필요는 없다는 점을 기억하기 바란다. 가까운 예로 한때 브로콜리가 항산화 작용에 좋다는 정보가 알려지면서 품귀 현상을 빚은 적이 있다. 하지만 우리 주변에서 쉽게 접할 수 있는 녹색 채소에도 브로콜리에 함유된 항산화 비타민, 파이토케미컬 등의 성분이 풍부하게 함유되어 있다.

당시 발표된 연구의 실험 대상이 브로콜리였을 뿐 우리 식탁 위에 자주 오르는 녹색 채소로도 충분히 섭취할 수 있는 영양소들이라는 점을 잊지 말자. 오히려 수입하는 과정에서 상하지 않게 약품 처리를 하는 수입산 채소보다는 가까운 산지에서 생산되어 바로 구입해 먹을 수 있는 싱싱한 채소들이 더 풍부한 영양소를 품고 있을 가능성이 높다.

빨간색 음식은 혈관을 개선하고, 노란색 음식은 심장 질환과 암을 예방한다. 녹색 음식은 간세포를 재생하고, 검은색과 자색 음식은 세포 손상을 막고 면역력을 강화한다. 흰색 음식은 콜레스테롤과 혈압 감소, 심장 질환과 암을 예방한다.

LESSON 17

쉽게 뺀 허벅지 살,
내일이면 다시 돌아온다

저탄고지에 대한 오해

우리나라 사람의 식생활이 어떻게 변화해왔는지는 지방의 섭취량을 보면 분명하게 알 수 있다. 다이어트나 식생활과 관련해 상담을 받으러 온 사람들의 식단을 분석해보면 의외로 많은 사람이 지방을 섭취한다는 사실을 모르고 있다. 최근 탄수화물이나 단백질의 섭취량을 조절하는 다이어트가 각광받으면서 상대적으로 지방에 대한 경계를 조금 게을리 하는 경향이 있다.

탄수화물과 지방은 잘못이 없다

불과 몇십 년 전만 해도 국가적 차원에서 분식을 권장하고 쌀밥보다 보리밥을 권장하는 분위기가 형성되어 있었다. 최근에는 식생활이 서구화되고 온갖 자극적인 음식들이 넘쳐나면서, 많은 사람이 흰쌀밥이나 흰 빵 같은 정제된 쌀과 밀가루를 즐겨 먹는다. 이처럼 정제된 탄수화물은 혈당을 순간적으로 높이고 인슐린 분비를 촉진하는 역할을 한다. 조금 과장되게 말하는 사람 중에는 탄수화물이 현대인의 건강을 해치고 질병을 유발하는 원인이라고 말하는데, 일부 맞는 이야기지만 전적으로 동의할 수는 없다.

사실 탄수화물은 우리가 살아가는 데 꼭 필요한 영양소다. 최소한의 정제를 거친 탄수화물을 잘 섭취하면 체내 여러 장기의 기능을 활성화하고 온갖 질병으로부터 몸을 지키는 데 도움이 된다. 또 단백질과 지방도 적절한 양을 섭취하면 근육을 형성하고 영양분을 저장해 우리 몸을 균형감 있게 만들어준다. 다만 자신이 섭취하는 영양분의 양이 어느 정도인지를 잘 파악하고 있어야 한다.

우리나라 사람들은 대체로 눈에 보이지 않는 지방을 섭취하고 있다는 사실을 잘 모른다. 대표적인 것이 비빔밥이나 김밥에 빠지지 않는 참기름이다. 최근에 오메가-3나 불포화 지방산이 몸에 좋다는 건강 정보들이 사람들에게 주목받으면서 삼겹살 같은 고기에서 나오는 지방이 아니면 거부감 없이 양껏 섭취하는 사람이 많다. 하지만 아무리 몸에 좋다 해도 포화 지방산보다 상대적으로 몸에 좋다는 것일 뿐, 지방이라는 본래의 성분은 달라지지 않는다는 점을 기억해야 한다.

오메가-3와 불포화 지방산을 섭취하면 심혈관을 보호하는 효과가 있다고는 하지만, 지방이 포함하고 있는 높은 칼로리를 무시해서는 안 된다. 아무리 몸에 좋은 음식이라도 우리 몸을 살찌게 한다면 섭취량을 조절해야 한다. 간혹 지방이 살이 찌게 만든다는 식으로 억울한 누명을 쓴 영양소라고 주장하는 사람도 있다. 하지만 그것은 지방의 특성 중 한 면만 보고 다른 면을 무시하는 것이다.

무엇을 먹는지보다 어떻게 먹는지를 관리하라

만약 지방의 섭취량을 조절하기 위해 음식량을 조절하고자 한다면 먹는 방식에 관심을 기울이는 것이 좋다. 똑같은 음식을 먹더라도 어떻게 먹느냐에 따라 영양소 섭취량이 달라질 수 있기 때문이다.

예를 들어 똑같은 양의 삼겹살을 먹는다고 생각해보자. 한 사람은 프라이팬에 올려 구워 먹고, 다른 한 사람은 에어프라이어나 석쇠를 이용해 구워 먹는다. 두 방법 중 하나를 택해야 한다면 상대적으로 삼겹살의 기름을 제거하고 먹는 방법이 몸에 더 좋다고 볼 수 있다.

또 삼겹살을 먹을 때 채소를 곁들여 먹으면 식이 섬유를 함께 섭취할 수 있으므로 권장할 만하다. 단, 삼겹살의 맛을 더해주는 기름장은 삼가는 것이 좋다. 특히 소금을 잔뜩 넣은 기름장에 삼겹살을 찍어 먹는다면, 일부러 기름을 제거해가며 굽는 노력이 물거품이 되어버리지 않겠는가. 이렇듯 자신도 모르는 사이에 평소의 식습관을 통해 영양소를 과잉 섭취하는 것은 아닌지 점검할 필요가 있다.

최근 저탄고지 방식의 다이어트가 유행한 적이 있다. 탄수화물 섭취를 극단적으로 줄이고 단백질이나 지방의 섭취를 늘리는 다이어트를 말하는데, 결론부터 말하자면 그다지 권하고 싶지 않은 방법이다. 우리 몸에서 탄수화물이 하는 역할을 간과한 처방이기 때문이다. 탄수화물은 우리의 뇌나 심장에 영양분을 공급해 신진대사를 촉진시키는 역할을 한다.

특히 뇌는 지방이나 단백질을 에너지원으로 쓰지 않기 때문에, 탄수화물 섭취가 줄어들면 그만큼의 에너지를 다른 영양소를 통해 보충해야 한다. 이때 근육과 지방을 분해해 여러 가지 대사 반응을 거쳐 탄수화물과 비슷한 케톤체라는 것을 만들어낸다. 즉 탄수화물을 줄이고 단백질과 지방만 섭취하면 근육량을 늘리는 데 도움이 되지 않는다.

그리고 탄수화물을 극단적으로 줄이는 다이어트 방법은 체중 감량에는 도움이 되지만 근육 소실의 우려가 크다. 근육이 없어지면 기초대사량이 줄어 이전보다 체중이 더 늘어날 수도 있다. 쉽게 말해 요요 현상이 오는 것이다. 게다가 요요 현상으로 체중이 불어날 때는 체지방이 늘어나는 것이므로 우리 몸에 더욱 안 좋은 영향을 준다.

식사 시간은 20분 이상, 식사량은 3분의 2만

저탄고지처럼 음식의 구성을 관리하는 다이어트 방법보다는 꾸준히 유지할 수 있고, 평소 식생활에서도 힘들지 않게 실천할 수 있는 방법이 더욱 효과적이다. 대표적인 방법이 식사 시간을 조절함으로써 식사량을 줄이는 것이다. 음식을 섭취했을 때 위로 전달되고 나서 포만감을 느끼려면 20분 정도의 시간이 필요하다.

현대인의 평균 식사 시간이 20분 미만인 점을 고려할 때, 이는 포만감을 느끼기도 전에 식사를 마치는 것이다. 그렇게 되면 자신이 섭취할 수 있는 적정량의 식사보다 많은 양의 음식을 섭취하게 된다. 따라서 천천히 꼭꼭 씹어 먹는 습관을 들여 식사 시간을 20분 이상으로 늘리는 것이 좋다.

또 위의 용적을 줄이는 것도 다이어트에 도움이 된다. 비만 환자의 위를 살펴보면 대부분 과식을 하다 보니 위가 늘어나 있는 상태다. 위의 용적을 줄이고자 한다면, 식사 일기를 통해 평소 먹는 양을 먼저 점검해야 한다. 그러고 나서 평소 식사량의 3분의 2 수준으로 음식을 덜 섭취하는 것이다.

천천히 꼭꼭 씹어 먹는 습관을 들여
식사 시간을 20분 이상으로 늘리는 것이 좋다.
식사 일기를 쓰는 것도 좋은 방법이다.

만약 이것이 번거롭거나 귀찮다면 식사할 때 마지막 한 숟갈의 밥이나 국물 있는 음식의 국물을 남기는 식으로 시작해도 좋다. 그리고 좀 더 익숙해지면 위의 절반쯤 차는 느낌을 받았을 때 식사 끝내기를 3일에서 일주일 정도 실천해 본다. 일주일 뒤에 이전 식사량처럼 먹어보면 자신의 위가 상당히 줄어들었음을 확인할 수 있을 것이다.

다이어트를 할 때 반드시 금할 것은 억지로 식사를 거르는 일이다. 살을 빼야겠다는 강박에 무리하게 다이어트를 하면 오히려 스트레스가 되어 몸에 도움 될 것이 없다. 식사를 거르면 스트레스 호르몬이 분비되어 식욕을 자극할 수 있다. 따라서 자신이 식사를 거른다기보다는 배고픔을 줄이기 위한 식생활을 한다는 식으로 생각을 바꾸는 것이 좋다.

만약 자신이 금세 허기지는 유형이라면 음식을 조금씩 자주 나눠 먹는 방법을 추천한다. 그러면 위의 용적을 줄이고 배고픔도 해결할 수 있으므로 다이어트를 하면서 지치지 않고 이어나갈 수 있다. 단, 조금씩 먹는 음식의 칼로리를 모두 합했을 때 하루 권장 섭취 칼로리를 넘지 않도록 주의해야 한다. 지방 함량이 최대한 적은 음식으로, 배고픔을 느끼지 않을 정도로만 먹는 것이다.

또 음식을 짜게 먹는 것을 경계해야 한다. 나트륨과 비만에 대한 상관관계가 명확하게 밝혀지진 않았지만 과도한 나트륨 섭취가 식사량을 늘리고 높은 열량의 음식을 섭취하게 만드는 요인으로 분석되고 있다. 실제로 비만한 사람들의 식단을 살펴보면 나트륨이 많이 들어간 음식을 자주 섭취한다. 이를 토대로 나트륨의 하루 권장량을 2,000밀리그램으로 정하고 있으니 이를 기준으로 삼는 것이 좋다. 가장 좋은 다이어트는 스트레스를 받지 않고 꾸준히 실천할 수 있는 방법이어야 한다.

식사 일기를 통해 평소 먹는 양을 먼저 점검하자.
평소 식사량의 3분의 2 수준으로 음식을 섭취하자.
식사 시간은 20분 이상이 되도록 꼭 지키자.

LESSON 18

탄단지,
칼로리와 포만감의 오묘한 조화

균형 잡힌 건강 식습관 알기

얼마 전 우리 연구진이 발표한 뉴스가 전 세계의 주목을 받은 적이 있다. 연구 주제는 최근 사회적으로 이슈가 되고 있는 혼밥과 사람의 영양 상태에 관한 내용이었다. 혼밥족, 즉 혼자 밥을 먹는 사람들이 늘어나고 있다는 것은 우리 사회가 점점 개인주의화되고 다양한 변화가 일어나고 있다는 의

217

미다. 그러한 변화는 우리 몸의 영양 균형에도 영향을 미칠 것이라고 추측해볼 수 있다.

혼밥이 비만과 대사증후군에 미치는 영향

논문이 발표된 당시, 국내를 비롯해 많은 국가에서 관심을 보였다. 특히 혼밥을 하는 사람들이 비만해지고 대사증후군에 쉽게 걸린다는 내용에 주목했다. 문제는 남성과 여성 사이에 차이가 있다는 점이다. 혼밥을 하는 남성들은 뚱뚱해지고 각종 질병에 취약해지는 반면, 여성들은 특별한 변화를 보이지 않았다. 이러한 결과는 식생활과 생활 습관의 차이에서 비롯된다고 할 수 있다.

혼밥을 하게 되면 아무래도 집에서 직접 요리해 먹는 데 한계가 있다. 많은 식재료를 사두고도 제대로 활용하기 어렵다는 점 때문에 간단히 조리할 수 있는 간편식이나 즉석에서 먹을 수 있는 도시락과 배달 음식에 의존하게 된다. 특히 집에서 혼자 밥을 먹을 경우 활동량이 크게 줄기 때문에 음식으로 섭취한 영양소들을 소비하는 데 어려움이 생긴다. 또한 남성들의 경우 평균적으로 여성보다 음주량이 많다는

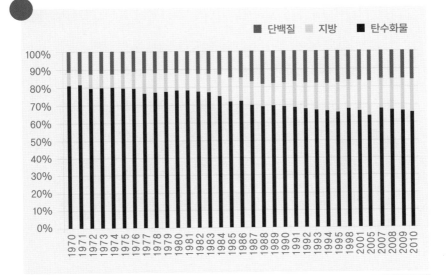

한국인의 식사 패턴 변화

점을 고려하면 술을 마실 때 먹는 자극적인 안주들도 비만을 부르는 주요 원인이 된다.

더구나 배달 음식은 대체로 굉장히 자극적이다. 대표적인 배달 음식이 치킨, 피자, 짜장면이다. 주로 기름에 튀기거나 정제된 탄수화물이 잔뜩 들어 있거나 온갖 고기 기름이 듬뿍 들어간 음식들이다. 하나같이 식감도 좋고 냄새도 좋고 맛도 좋아 식욕을 자극한다.

이런 이유로 요식업계에서는 더 맵고 짜고 달고 자극적인 맛을 찾는 소비자들의 입맛에 따라 음식을 굉장히 자극적으로 만드는 추세다. 더욱이 코로나19로 인해 배달 음식을 시켜 먹는 사람들이 급격히 늘어나면서 배달 음식 업체 간에 경쟁도 치열해지고 있다. 사람들의 입맛을 더욱 자극하는 식재료들로 음식을 만드는 것이 유행처럼 번지고 있다. 문제는 그런 자극적인 음식들이 우리 몸에 남기는 여파가 만만치 않다는 점이다.

가장 큰 문제는 배달 음식을 비롯해 자극적인 음식들이 칼로리가 높다는 것이다. 탄수화물, 단백질, 지방 중 칼로리를 높이는 데 가장 큰 원인이 되는 영양소가 무엇인지를 찾는 식의 접근법으로는 올바른 칼로리 관리를 할 수 없다. 우리 몸에 필요한 칼로리의 적정량을 파악하고, 칼로리를 과잉으로 섭취하는 경로를 제대로 분석해 탄수화물, 단백질, 지방을 얼마나 균형 있게 먹느냐가 중요하다. 단순히 어느 한 가지 영양소를 과도하게 줄이는 식의 다이어트는 지양해야 한다는 말이다.

예를 들어 김밥이나 비빔밥을 먹을 때 참기름을 넣어 먹던 습관을 조금 바꾸는 식으로 식생활에 약간의 변화를 주어도 충분히 영양 균형도 잡고, 스트레스도 받지 않도록 식생활을 개선할 수 있다.

다음으로 자극적인 맛을 줄여 배를 가득 채울 만큼 먹는 것을 피한다. 그보다는 위의 3분의 2를 채우는 정도로만 식사를 마치는 습관이 필요하다. 아무리 몸에 좋은 음식이라도 배가 잔뜩 부르도록 먹는다면 칼로리를 과잉 섭취하게 될 뿐만 아니라 소화 불량, 역류성 식도염 등을 일으키는 원인이 될 수 있다.

배가 살짝 부른 느낌이 들 때 곧바로 숟가락을 내려놓는 방법을 권한다. 특히 우리나라처럼 국이나 찌개를 많이 먹는 식문화에서는 권장 섭취량보다 나트륨을 많이 섭취할 위험이 높다. 따라서 한 끼 식사에서 국이나 찌개를 먹게 된다면 그릇의 바닥이 보일 정도로 국물을 깨끗이 비우지 말고, 조금 남기는 식습관을 들일 필요가 있다.

포만감과 영양 균형을 만족시키는 식사법

이따금 다이어트를 목적으로 세 끼를 먹던 사람이 한 끼를 먹는 식으로 식사량을 극단적으로 조절하는 경우가 있다. 늘 아침을 거르는 사람이나 평소에도 한 끼를 먹는 데 익숙한 사람이 아니라면 갑작스럽게 식사량을 줄이거나 늘리면 오히려 뇌를 비롯해 우리 몸의 각 기관들이 혼란을 느낄 위험이 크다. 특히 뇌에서 갑자기 달라진 식사량에 적응하기 위해 신체 각 기관에 식욕 조절 능력을 바꾸기 때문에 식사량을 조절하기보다는 먹는 음식의 종류를 바꾸는 것이 현명한 다이어트 방법이다.

실제로 내가 운영하는 클리닉에서는 다이어트를 원하는 분들에게 탄수화물, 단백질, 지방의 비율을 적절히 조절한 식단으로 세 끼 식사를 모두 챙겨 먹게 한다. 다이어트에 적당한 영양분의 비율은 탄수화물 60퍼센트, 단백질 20퍼센트, 지방 20퍼센트 정도다. 그리고 위의 3분의 2만 채우는

	칼로리 순서	포만감 순서
단백질	2	1
탄수화물	2	2
지방	1	3

단백질, 탄수화물, 지방의 칼로리와 포만감 순서

정도로 식사량을 조절한다면 성공적인 다이어트를 할 수 있을 것이다. 이렇게 위의 용적을 줄이고 나면 이전과 같은 양의 식사를 했을 때 금방 포만감을 느끼게 된다.

또한 탄수화물, 단백질, 지방 중에서 칼로리가 가장 높은 영양소는 지방이다. 앞서도 소개했듯이 동일한 1그램의 칼로리 양을 비교했을 때 지방이 9칼로리, 탄수화물과 단백질이 각각 4칼로리의 열량을 품고 있다.

그렇다면 세 가지 영양소 중 우리 배 속에서 포만감을 가장 많이 느끼게 하는 영양소는 무엇일까. 많은 사람에게 이런 질문을 하면 열량이 높으므로 지방이라고 대답하는 비율이 높다. 그러나 많은 사람의 예상과 달리 단백질이 가장 포만감을 잘 느끼게 하는 영양소다. 그다음이 탄수화물과 지방 순으로 포만감이 낮아진다.

지방은 탄수화물과 단백질에 비교하면 먹는 양에 비해 포만감이 가장 적다. 따라서 음식을 먹을 때 포만감이 적은 지방을 더 많이 먹게 되고, 다른 영양소보다 고열량인 만큼 자연스럽게 우리 몸에 많은 에너지를 축적시킬 수밖에 없다. 이처럼 지방은 포만감을 쉽게 못 느낄 뿐만 아니라 순수한 탄수화물이나 단백질의 부족한 식감을 한층 더 올림으로써 과식을 유발하는 원인이 되기도 한다.

특히 참기름은 음식에 향을 더하고 혀에 닿는 촉감을 높이는 효과로 뇌를 자극해 식욕을 더욱 돋운다. 자연스럽게 더 많은 지방과 다른 영양소들을 과다 섭취하게 만든다. 따라서 지방을 섭취할 때는 양을 가급적 줄이되 불포화 지방산 위주로 섭취하는 것이 좋다. 이렇게 간단한 원리만 알면 건강한 식단을 꾸릴 수 있다.

한국인이 가장 많이 실수하는 식습관

단백질이 포만감을 가장 쉽게 느끼게 하는 영양소라고 하면 사람들은 다이어트에 도움이 될 거라고 판단한다. 하지만 순수한 단백질은 식욕을 불러일으킬 만한 맛과 식감이 부족하다. 예를 들어 소고기를 생각해보자. 사람들이 맛있다고 여기는 소고기는 마블링이 얼마나 골고루 분포해 있는지에 따라 그 등급이 결정된다. 바로 그 마블링이 앞에서 살펴본 지방이라는 사실을 꽤 많은 사람이 간과하고 있다.

단백질로 구성된 소의 살코기 속에 무수히 많은 별처럼 박힌 지방이 소고기의 맛을 더욱 돋우는 것이다. 지방이 타면서 나는 냄새와 혀에 감도는 지방의 촉감이 소고기가 간직한 단백질의 맛이라고 착각하는 것이다. 하지만 근육에 지방이 끼어 있는 소가 대사증후군이나 당뇨병에 걸려 있을 확률이 높고, 그런 질병에 걸려 있지 않더라도 건강한 소라고 볼 수는 없을 것이다.

과거 우리나라에서는 대체로 노쇠한 소를 도축해 소고기를 공급했다. 사람도 먹을 것이 부족하던 시절이었으니 소를 잡아 고기를 먹으려 해도 지방의 함유량이 적고 육질도 퍽퍽한 고기들이 넘쳐났다. 아무래도 식욕을 돋우기에 부족하다 보니 고기에 양념을 해서 먹는 경우가 많았다. 그렇게 탄생한 요리가 불고기가 아닐까 추측하는 학자들도 많다. 이러한 배경지식을 잘 활용한다면 단백질을 먹을 때에도 도움이 될 것이다. 포만감을 빨리 느낄 수 있도록 같은 양의 고기를 먹더라도 마블링이 적은 고기를 먹는 것이다.

또 탄수화물은 가장 덜 정제된 형태로 섭취하는 것이 현명하다. 과거 우리 선조들이 먹었던 식단에 대한 기록을 보면, 먹을거리가 부족했던 일반 평민들이 먹는 밥상에는 소위 고봉밥이라 불릴 정도로 많은 양의 쌀밥이 올랐다는 것을 알 수 있다. 똑같은 열량을 섭취하고 소비하기 위해서는 지방에 비해 탄수화물과 단백질은 더 많이 섭취할 수밖에 없기 때문이다.

또 임금의 수라상을 재현한 식단을 보면 쌀밥의 양은 현저히 적은 대신 다른 음식들이 식탁을 한가득 차지하고 있다. 문제는 당시 임금들의 평균 수명이 40대 중후반에 불과했다는 것이다.

다양한 음식을 골고루 섭취했다면 건강 면에서도 부족함이 없어야 하는 것이 정상이다. 하지만 수라상에 오른 음식들을 하나하나 살펴보면 기름진 음식이 굉장히 많았다는 것을 알 수 있다. 임금을 위한 최고의 식단일지는 몰라도 건강을 위한 최고의 식단은 아니었던 것이다.

또 하나, 우리나라 사람들이 식단에서 특히 주의해야 할 영양소가 바로 나트륨이다. 우리 연구진이 조사한 바에 따르면, 음식을 짜게 먹을수록 다이어트 효과를 볼 수 없다는 결론을 얻을 수 있었다. 제아무리 칼로리를 관리하고 영양학적으로 건강한 식단으로 식사하더라도 나트륨을 많이 섭취하면 심혈관 질환을 유발하고 다이어트 효과를 반감시킨다고 한다.

다음으로 식사 시간을 조절하는 것도 잊지 말자. 따라서 음식을 최대한 천천히 먹음으로써 위의 부담을 줄이고 뇌에서 위의 신호를 온전히 받을 수 있도록 해야 한다.

다이어트에 적당한 영양분의 비율은 탄수화물 60퍼센트, 단백질 20퍼센트, 지방 20퍼센트 정도다. 그리고 위의 3분의 2만 채우는 정도로 식사량을 조절한다면 성공적인 다이어트를 할 수 있다.

PART 6

몸을 망치는 운동,
몸을 살리는 운동

체내 지방 성분을 바꾸는
하루 30분 운동

2010년 미국의 한 토크쇼에 미셸 오바마 전 영부인이 등장
했다. 당시 미셸은 진행자와 대화를 이어가던 중에 자신이
이끌고 있는 한 캠페인을 소개했다. 바로 저소득층 아동의
비만 퇴치를 위한 '함께 몸을 움직이자!Let's move!'였다. 신
나는 음악에 맞춰 아이들과 영부인이 함께 춤추는 영상이

공개되었다. 열심히 운동하는 것 같지도 않고 그저 음악에 맞춰 몸을 움직일 뿐인데 그런 동작도 비만에 도움이 되는지 의문을 갖는 사람도 있었을 것이다.

운동을 지속할 수 있는 적절한 보상을 주라

공부하기에도 바쁜 학생들에게 건강을 챙기려면 운동해야 한다고 말하면 아이들이 운동을 하려고 들까. 바쁜 현대인들이 연초만 되면 헬스클럽에 수많은 회비를 내고도 작심삼일 운운하는 것은 왜일까. 모두 운동해야 한다는 강박적 생각에 억지로 실천하려 하기 때문이다. 만약 야구를 하고 싶어 하는 아이에게 축구를 시킨다면 아이는 흥미도 없는 운동을 하느라 자신의 소중한 시간을 빼앗긴다고 생각할 것이다. 또 마라톤이나 수영처럼 지구력이 필요한 운동을 좋아하는 사람이 갑자기 단거리 달리기나 PT처럼 순간적으로 폭발적인 에너지를 쏟는 운동으로 종목을 바꾸려면 굉장히 고통스러울 것이다.

무엇보다 운동을 하려면 즐거움이 수반되어야 한다. 미셸 오바마가 비만 아동을 위해 제안한 캠페인도 운동을 강요하거나 반드시 살을 빼야 한다는 목적을 내세우지 않았다. 주 대상이 저소득층 아동이었기 때문에 운동 장비를 사거나 특별히 시간을 낼 수 없는 상황을 고려했다. 언제 어디서든 몸을 조금이라도 더 움직이자는 것이 캠페인의 진짜 목적이다. 즉 신체 활동을 늘려 우리 몸의 신진대사를 건강하고 원활하게 바꾸는 것이다. 그리고 건강한 삶에 대해 갖고 있는 선입견을 바꿈으로써 누구나 쉽게 운동에 접근할 수 있도록 만드는 것이 목적이었다.

운동을 재미있게 지속적으로 실천하려면 다양한 수단을 활용하는 것이 좋다. 캐나다의 한 지역에서는 아이들이 학교에서 운동했다는 증명서를 학교에서 받으면 세금 감면 혜택을 주는 정책을 시행하기도 했다. 어떤 활동이든 보상이 주어질 때 지속성이 있기 때문이다. 운동도 마찬가지다. 운동 때문에 몸이 더 힘들어지거나 자기 몸을 바라보는 남들의 시선이 불편하다면 운동의 효과를 보기도 전에 스스로 지쳐 나가떨어지기 쉽다. 따라서 어떤 운동을 하든 지속력을 얻을 수 있도록 적절한 보상이 이뤄져야 한다. 스스로에게 주는 보상이든 다른 사람들의 인정을 통한 보상이든 어떤 식으로든 이루어지도록 계획을 세우는 것이 좋다.

과유불급, 무리한 운동은 노동일 뿐이다

일반적으로 사람들이 운동을 시작하는 계기는 나이가 들어 건강을 생각하거나 다이어트를 위한 목적인 경우가 대부분이다. 예를 들어 당뇨병을 예방하기 위해 혈당을 조절하거나 뱃살을 빼겠다는 명확한 목표가 생겨야만 운동을 시작하는 경향이 있다. 대체로 중년이 되면 골프를 시작하고, 누구나 생활 속에서 쉽게 접할 수 있는 배드민턴이나 수영, 헬스클럽 같은 운동부터 떠올린다. 물론 어떤 운동이든 하지 않는 것보다는 당연히 우리 몸을 건강하게 만들어주는 효과가 있다.

운동을 시작할 때 기억할 것은 건강을 위한 수단으로 생각해야 한다는 점이다. 운동에 대한 열정이 너무 강한 나머지 과도한 목표를 세워 몸을 혹사시키거나 하기 싫은 마음을 억지로 눌러가면서 운동을 한다면 오히려 몸에 무리를 주기 쉽다.

운동이 스트레스가 된다면 오히려 역효과를 부를 뿐이다. 어떤 운동이든 즐겁고 가벼운 마음으로 할 때 건강을 위한 효과적인 수단이 된다.

간혹 상담하러 오는 내담자 중에 하루 종일 몸을 움직이는 일을 하는 분들이 있다. 육체노동을 하는 분들은 늘 몸을 쓰기 때문에 별다른 운동을 하지 않아도 되는 것이 아니냐고 묻는다. 그러나 일로서 움직이는 것은 노동일 뿐 운동으로서의 효과는 약하다. 더구나 일을 하면서 스트레스를 받는 경우가 많기 때문에 몸에 이로울 것이 하나도 없다. 건강을 위해 몸을 움직인다는 개념은 운동에만 해당된다.

운동을 통해 기초대사량을 함께 키우라

국립암센터와 함께 각 분야의 전문가들이 모여 암 예방 수칙을 만들 때에도 신체 활동에 대한 부분을 비중 있게 다루었다. 일주일에 5회 이상, 하루 30분 이상, 땀이 날 정도로 걷거나 운동하는 것이 핵심이다. 이 원칙은 암뿐만 아니라 심혈관 질환을 예방하는 수칙에도 적용된다. 당뇨병이나 심장병을 예방하는 데에도 도움이 된다. 사실 하루 30분 이상의 운동은 질병을 예방하려는 차원보다는 신체 활동에 시간을 좀처럼 할애하지 못하는 현대인들을 위한 필수 지침과도 같은 것이다.

노동은 운동이 되기 힘들다.

건강을 위해 몸을 움직인다는 개념은 운동에만 해당된다.

우리는 보통 하루 2,000칼로리 내외의 에너지를 섭취한다. 우리 몸에 들어온 에너지가 2,000칼로리이니, 다시 어떻게든 2,000칼로리를 소비해야 에너지 균형을 맞추고 살이 안 찌게 될 것이다. 그럼 2,000칼로리를 소모하려면 얼마나 운동을 해야 할까? 밥 한 공기를 보통 300칼로리 정도로 보는데, 이는 대략 몸무게 75킬로그램의 성인이 자전거 타기 40분 또는 탁구 57분, 수영 31분, 테니스 38분 정도 운동해야 소모할 수 있는 양이다.

하루 섭취한 2,000칼로리를 운동으로 소모하려면 하루에 자전거 타기로는 거의 네 시간 반 이상, 탁구로는 여섯 시간 이상, 수영으로는 세 시간 이상 운동해야 하는 칼로리 양이다. 어떤 이들은 어제 먹은 양을 오늘 운동으로 다 소모해야 한다고 말하는데, 그러기는 어렵다.

그러나 모든 열량을 운동으로 소비해야 하는 것은 아니다. 우리 몸은 가만히 있어도 소모하는 에너지가 상당하다. 지금 이 책을 읽고 있는 독자들의 뇌에서도 다양한 활동을 하면서 에너지를 소비하고 있다. 그리고 인간의 체온을 36.5도로 유지하기 위해 우리 몸속에서는 다양한 화학 반응이 일어나고 있다. 또 콩팥에서는 소변을 계속 거르고 있고, 간도 몸

속에 있는 독소들을 해독하는 작용을 하고 있다. 신체의 다
양한 신진대사들이 끊임없이 일어나 몸을 유지하고 있는 것
이다.

이처럼 우리 몸속에서 기본적으로 일어나는 열량의 소
비 활동을 기초대사량이라고 부르는데, 하루에 쓰이는 열량
의 60~75퍼센트를 차지한다고 보면 된다. 게다가 우리는
음식을 소화하는 과정에서도 에너지를 쓰고, 일상생활에서
도 여러 에너지를 쓴다. 그러다 보니 운동선수가 아닌 이상

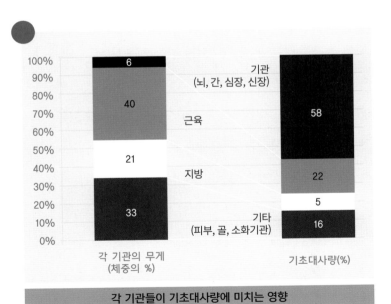

각 기관들이 기초대사량에 미치는 영향

일반인이 순수하게 운동으로만 소모하는 열량은 그리 크지 않다.

하지만 운동의 효과를 간과해서는 안 된다. 운동은 열량으로만 따지면 적게 보일지 몰라도 하루 종일 기초대사량을 높여주는 작용을 한다. 실제 연구에 의하면, 낮에 운동한 후에는 수면 중에도 기초대사량이 높아지고, 체지방을 우선적으로 소모시킨다는 것이 밝혀졌다. 운동할 때 에너지원도 주로 내장에 있는 지방을 사용하므로 뱃살을 줄이는 데 매우 효과적이다.

그런가 하면 다이어트를 위해 운동을 시작하는 사람들 중에는 특정 부위만 살을 빼고자 하는 경우가 있다. 예를 들어 팔뚝 아래 살만 뺀다거나 오른쪽 허벅지의 살만 빼기를 원하는 것이다. 그러한 사람들의 수요에 맞춰 최근에는 지방을 흡입하는 시술은 물론이고, 체형별 다이어트법을 소개하는 클리닉도 많이 등장했다.

하지만 체내에 저장된 지방을 시술이나 수술을 통해 제거하는 방법은 결코 권장할 만한 것이 못 된다. 특히 최근에 몸을 움직이지 않고 근육을 진동시키는 것만으로도 체지방을 줄여준다는 제품들이 속속 등장하고 있다. 유산소 운동의 효과를 대신한다는 말인데, 효과에 신빙성이 있는지는 의문이다. 신체 활동을 통해 근육을 움직이지 않고 기구의 도움을 받아 근육을 움직여 소비하는 열량은 극히 적다.

운동은 하루 종일 기초대사량을 높여주
는 작용을 한다. 실제 연구에 의하면, 낮
에 운동한 후에는 수면 중에도 기초대사
량이 높아지고, 체지방을 우선적으로 소
모시켜준다는 것이 밝혀졌다.

LESSON 20

심폐 기능을 튼튼하게 만들어주는
유산소 운동

건강을 위해 운동해야 한다고 말하면 사람들은 어떤 운동
이 좋은지 묻는다. 정답은 어떤 목적인지, 신체 특성이 어떠
한지에 따라 사람마다 운동의 종류가 달라져야 한다는 것이
다. 그리고 운동과 함께 기본적인 신체 활동을 늘려 기초대
사량을 늘리는 것도 중요한데 이를 모르는 사람이 많다.

유산소 운동과 무산소 운동의 경계

　많은 사람이 운동을 통해 지방을 태워야만 효과가 있다고 생각한다. 그런데 지방에 있는 에너지를 태운다는 이 표현이 사람들의 오해를 불러일으키는 경우가 많다. 예를 들어 지방을 태워 땀으로 배출한다는 식이다.

　사우나에 앉아서 땀을 흘리거나 한여름에 자신의 의지와는 상관없이 땀을 흘려도 지방이 연소된다고 생각한다. 그러나 이는 전혀 다른 이야기다. 땀은 우리 몸의 체온을 조절하려는 적응 과정일 뿐 지방 연소의 결과가 아니다.

　일반적으로 주변에서 이야기하는, 땀을 흘린다는 표현은 운동을 통해 우리 몸의 근육과 에너지를 소비한다는 의미를 띠고 있다. 단순히 땀을 흘린다는 것은 체지방이 빠지는 것이 아니라 몸에 있는 수분이 빠지는 것일 뿐이다.

　게다가 사람들은 보통 목적에 따라 운동이 정해져 있다고 공식을 외우듯 생각하는 경향이 있다. 근력을 키우기 위한 운동으로 무산소 운동, 지방을 태우기 위한 운동으로 유산소 운동을 떠올리는 식이다. 그런데 막상 어떤 운동이 유산소 운동이고 무산소 운동인지를 구분해보라고 하면 묵묵

유산소 운동이란 우리 몸속 지방에 저장된 에너지를 태워
근육을 움직이는 모든 활동을 말한다.

부답이다. 100미터 달리기는 유산소 운동일까, 무산소 운동일까. 그럼 200미터나 400미터는 어떨까.

결론부터 말하면 대부분의 운동이 유산소 부분과 무산소 부분이 섞여 있다. 자신의 운동 능력에 따라 100미터 달리기는 유산소 운동이 될 수도 있고 무산소 운동이 될 수도 있다.

유산소 운동이란 우리 몸속 지방에 저장된 에너지를 태워 근육을 움직이는 모든 활동을 말한다. 조깅, 수영, 자전거 타기가 대표적인 유산소 운동이다. 쉽게 말해 운동할 때 산소가 필요한 운동이다. 만약 신체 능력이 좋아서 100미터 달리기를 해도 무리가 되지 않고 숨도 가쁘지 않은 사람은 무산소 운동을 하는 것이라고 보면 된다. 그런 사람들은 근육 안에 ATP나 크레아틴 인산CP, creatine phosphate라는 에너지원이 많이 저장되어 있어 100미터 달리기를 했을 때 순간적으로 산소가 부족해도 숨이 덜 차다. 반대로 근육 안에 이런 에너지원이 저장되어 있지 않은 사람은 똑같이 100미터 달리기를 해도 훨씬 더 숨이 차는 경험을 하게 된다. 근육에 당장 사용할 에너지원이 적기 때문에 대사 과정을 통해 다른 에너지를 공급해야 하고 이 과정에서 산소가 필요하기 때문이다. 바로 그런 사람에게는 100미터 달리기가 유산소 운동이 되는 것이다.

땀은 수분만 빠질 뿐! 진짜 에너지를 태워라

그럼 운동에 쓰이는 에너지원의 정체는 무엇일까. 음식을 섭취해 체내에 영양소를 넣으면 다양한 화학 반응을 통해 ATP라는 물질이 생성된다. 모든 신체 활동에 필요한 에너지는 최종적으로 ATP 형태로 사용한다.

ATP는 탄수화물, 단백질, 지방이 분해되어 생성된다. 사람이 급히 움직이면 먼저 근육 안에 있는 탄수화물(글리코겐)을 사용하여 ATP를 생산하게 된다. 이때는 산소 없이 생산하는 과정을 거치는데, 그 양이 적어 곧바로 고갈된다. 충분한 ATP를 공급하려면, 글리코겐을 분해해서 생긴 포도당의 경우 해당 과정을 거치고 TCA 회로를 지나 전자 전달계를 통해 ATP가 생성되어야 한다. 단백질과 지방은 각각의 대사 과정을 거치고, TCA 회로로 들어온 다음 전자 전달계를 거쳐야 ATP를 생성한다.

사실 탄수화물의 경우 체내에 에너지로 저장할 수 있는

양이 극히 적은 까닭에 한 번 사용하면 금세 고갈된다. 반면 지방은 칼로리가 높고 에너지 밀도(단위 무게나 부피당 에너지 양)도 높아 효율적인 저장소여서 우리 체내에 풍부한 양으로 저장할 수 있다. 많은 양의 ATP를 공급할 수 있는 에너지 저장 창고다.

100미터 달리기를 할 때 초반에는 숨이 차지 않는 것을 떠올리면 이해하기 쉽다. 달리기 초반에는 산소가 없어도 근육에 저장된 ATP나 크레아틴 인산 그리고 무산소적으로 젖산을 생성해 쓰기 때문에 그냥 달릴 수 있다. 하지만 달리기가 계속되면 근육에 있던 ATP가 고갈되면서 에너지로 쓸 물질이 필요해진다. 그러면 우리 몸속에서는 체지방을 태울 산소가 필요하기 때문에 숨이 가빠지고 체내 곳곳에 산소를 빨리 운반하기 위해 심장 박동도 빨라진다. 만약 100미터 달리기를 할 때 별로 숨도 차지 않고 심박수의 변화도 없다면 무산소 운동을 하고 있는 것이고, 조금만 걸어도 숨이 차고 심박수가 오른다면 유산소 운동을 하고 있는 것이다.

즉 유산소 운동과 무산소 운동은 언제나 동시에 일어나고 있다고 보면 된다. 개인의 신체 능력에 따라 운동의 성격이 조금씩 바뀔 뿐이다.

오늘부터 엘리베이터 대신 계단 오르기

나는 클리닉을 찾은 사람들이 어떤 종류의 운동을 해야 하냐고 물으면 운동을 마친 뒤 노래를 불러보라는 우스갯소리를 한다. 어떤 운동을 했든 운동을 마치고 나서 노래를 제대로 부를 수 있으면 무산소 운동을 한 것이고, 두세 소절을 연속해서 부르지 못할 만큼 숨이 가쁘다면 유산소 운동을 한 것이라고 보면 된다. 어디까지나 생활 속에서 간단하게 운동의 정도를 확인하는 방법이니 참고만 하기 바란다. 단, 어떤 운동을 하더라도 일주일에 5회 이상, 하루 30분 이상의 원칙은 반드시 지킬 것을 권한다.

유산소 운동은 지방을 분해하는 과정인 동시에 혈관을 통해 산소를 공급하는 과정이므로 심장과 폐를 튼튼하게 만들어줌으로써 심혈관 질환을 예방하는 효과도 기대할 수 있다. 또한 신진대사 반응을 조절하고 인슐린 저항성을 줄여준다. 단, 유산소 운동에만 집중하다 보면 근력 운동을 소홀히 할 수 있으므로 근력도 함께 키우는 운동을 보조적으로 병행하면 좋다.

특히 유산소 운동은 대사증후군으로 분류되는 당뇨병,

이상지질혈증, 고혈압, 암에 걸릴 위험을 크게 줄여주는 것으로 나타났다. 또한 이러한 질병을 이미 앓고 있더라도 유산소 운동을 통해 질병의 정도를 완화하고 합병증의 위험을 낮출 수 있다는 연구 결과가 보고되고 있다.

신체 활동을 늘리고 유산소 운동을 많이 하면 에너지를 소비하게 되는데, 이때 우리 몸에 새로운 중성지방이 생기는 것이 줄어드는 효과가 발생한다. 또 혈관 건강에 이로운 HDL 콜레스테롤의 수치가 증가하고, 해로운 LDL 콜레스테롤의 수치는 감소한다.

이런 유산소 운동은 매일 반복적으로 하면 좋다. 하지만 수영이나 등산 같은 운동을 매일 하는 것은 현실적으로 만만치 않다. 게다가 30분씩 달리거나 수영을 하거나 등산을 하는 활동에서 큰 재미를 느끼기 쉽지 않고, 운동을 지속할 수 있는 개인의 신체적 능력도 제각각이다. 그러나 유산소 운동을 통해 얻는 효과는 생활 속 작은 신체 활동에서도 동일하게 얻을 수 있다.

예를 들어 동네 슈퍼마켓에 가더라도 엘리베이터나 에스컬레이터 대신 계단을 이용하고, 지하철로 이동할 때 한 정거장 먼저 내려서 빠른 걸음으로 움직이는 것도 좋다. 또

직장인이라면 매일 출근하는 길에 사무실로 직행하지 말고 빠른 걸음으로 회사 건물을 한 바퀴 돌고 나서 올라가도 유산소 운동의 효과를 충분히 기대할 수 있다. 이처럼 생활 속 신체 활동을 활용해 하루에 10분씩 쪼개서 하더라도, 하루 30분의 유산소 운동을 통해 많은 효과를 볼 수 있다. 다만 똑같은 1만 보를 걷더라도 평소처럼 쉬엄쉬엄 걷는다면 빠르게 걷기보다는 운동 효과가 덜하다는 것을 기억해야 한다.

유산소 운동은 대사증후군으로 분류되는 당뇨병, 이상지질혈증, 고혈압, 암에 걸릴 위험을 크게 줄여준다. 이러한 질병을 이미 앓고 있더라도 유산소 운동을 통해 질병의 정도를 완화하고 합병증의 위험을 낮출 수 있다.

LESSON 21

근력과 유연성으로 지키는
체력 밸런스

유산소 운동으로 체지방을 태우는 데 집중하다 보면 근력 운동에 소홀해지기 쉽다. 일반적으로 미국심장학회와 미국당뇨병학회에서는 유산소 운동의 보조적 역할로 근력 운동을 권장한다. 근력 운동은 대사증후군을 예방할 뿐만 아니라 관리하는 데에도 큰 도움이 된다. 또한 심혈관 질환을 유발하는 요인들을 줄이고 인슐린 저항성을 낮춰준다. 실제로 수년간 근력 운동을 한 사람에 비해 근력 운동을 하지 않은 사람은 대사증후군이 발생할 위험도가 2배나 높았다고 한다.

곧은 자세와 체력을 키우는 근력 운동

보통 근력 운동이라고 하면 헬스클럽에서 울룩불룩한 근육을 자랑하며 무거운 기구들을 연신 들었다 내려놓는 운동을 떠올리기 쉽다. 보디빌더가 되려는 목적이 아니라 일상생활의 건강을 지킬 목적이라면 근육의 소실을 막는 수준의 기본적인 운동으로도 충분하다. 우리 몸속 근육을 키우면 기초대사량이 늘어나 복부 지방을 줄이는 데에도 탁월한 효과가 있다. 중성지방을 낮추고 혈압을 낮추는 효과도 있다. 인슐린 저항성 개선에도 효과적이며 혈당 관리에도 탁월하다.

보통 한 사람의 체력이 어느 정도인지를 살펴볼 때 평가하는 항목으로는 체구성Body Composition, 심폐 지구력, 근력, 근지구력, 유연성을 측정한다. 체구성이란 우리 몸의 구성

요소가 어떻게 배분되어 있는지를 보는 항목인데 주로 체지방이나 근육량 등을 분석하는 지표라고 보면 된다. 심폐 지구력은 말 그대로 심장과 폐의 건강 상태를 측정하는 지표로, 유산소 운동 능력의 수준을 확인할 수 있다. 그리고 근력과 근지구력은 얼마나 무거운 것을 들 수 있는지, 그리고 반복적인 운동을 얼마나 오래 할 수 있는지를 살펴보는 지표다.

그럼 어떤 근력 운동을 해야 하는지 묻는 분들이 많다. 여성의 경우에는 벽에 손을 대고 팔굽혀펴기를 하는 것만으로도 충분히 근력을 키울 수 있다. 또 가볍게 윗몸 일으키기나 누워서 다리를 올렸다 내리는 운동으로 복근을 강화시켜줘도 된다. 계단을 오르는 식으로 생활에서 실천할 수 있는 운동도 근력을 강화하는 데 도움이 된다.

근력 운동은 매일 하는 것보다 하루씩 쉬어주는 것이 좋다고 알려져 있다. 근육 회복을 위한 시간이 필요하기 때문이다. 그래서 이틀에 한 번 정도만 해도 충분하다.

근육 소실을 줄이고 근육이 몸에 잘 붙으려면 영양도 매우 중요하다. 근육 생성의 재료가 되는 단백질이 제대로 공급되지 못하면 당연히 근육이 붙을 수가 없다. 하지만 단백질만 공급한다고 해서 근육이 잘 만들어지는 것은 아니다. 먼저 운동을 통해 근육이 생성되도록 자극을 줘야 하고, 적절한 탄수화물을 같이 먹어야 한다. 탄수화물이 부족하면, 탄수화물(주로 포도당)을 에너지원으로 삼는 장기들에 문제가 생긴다. 그래서 근육에 있는 단백질을 분해해 포도당과 유사한 형태인 케톤체를 만들어 대용으로 쓰게 된다. 즉 탄수화물을 적절히 섭취하지 못하면 근육 소실을 자초하게 되는 것이다. 따라서 운동 못지않게 양질의 단백질과 적정량의 탄수화물을 섭취하는 것이 근육 발달에 중요하다. 탄수화물은 되도록 당 지수가 낮은 형태로 선택하는 것이 좋다.

하루 종일 편안한 몸을 위한 유연성 운동

유산소 운동과 근력 운동을 시작하기 전에 반드시 선행되어야 하는 것이 바로 유연성 운동이다. 유연성 운동의 대표적인 것이 스트레칭이다. 평소 운동량이 부족한 사람들뿐만 아니라 운동을 자주 하는 사람들도 유산소 운동과 근력 운동을 무리하게 하다 보면 부작용이 따른다. 특히 나이가 들수록 반드시 스트레칭을 통해 근육의 긴장을 풀어줘야

부상과 같은 부작용을 줄일 수 있다. 특히 뼈의 관절이 굳어 있는 상태에서 근력 운동을 심하게 하면 운동 효과가 반감되고, 유산소 운동을 할 때 활동의 범위가 제한되어 다칠 위험이 있다.

자신의 유연성을 간단하게 테스트함으로써 운동 전 몸 상태를 체크하는 습관을 기르는 것이 좋다. 한 동작을 할 때 10~30초 정도 실시하고, 전체적으로는 10~15분가량 스트레칭을 실시한다. 스트레칭은 굳어 있는 몸을 풀어주는 것이 목적이므로 평소 쓰지 않는 근육을 최대한 늘이고 깨워준다는 느낌으로 하는 것이 좋다.

예를 들어 양팔을 머리 위로 들어 손깍지를 끼고 상체를 뒤로 젖혀주는데, 옆구리와 등의 근육을 최대한 늘인다는 생각으로 몸을 쭉 펴준다. 이 동작을 한 번에 10~20초 정도 유지하고, 같은 동작을 3회 반복한다. 이런 식으로 우리 몸의 구석구석 잠들어 있는 근육과 관절을 깨우는 것이 유연성 운동이다.

매우 간단한 운동이지만 몸이 조금 편해지는 것을 느낄 수 있다. 요가나 필라테스처럼 본격적인 운동을 시작하지 않아도 가벼운 스트레칭만으로 충분히 유산소 운동과 근력 운동을 위한 몸 상태를 만들 수 있다. 특히 개인마다 신체 능력에 차이가 있으므로 자신의 수준에 맞는 운동을 찾아 꾸준히 하는 것이 중요하다.

특히 책상에 오래 앉아서 일하거나 신체의 특정 부위만 집중적으로 활용하는 일을 하는 사람들은 몸의 전체적인 균형을 맞추기 위해서라도 스트레칭을 자주 해주는 것이 좋다. 그리고 스트레스를 많이 받는 사람들은 근육이 경직되어 있는 경우가 많다. 또 스마트폰이나 모니터를 오래 보는 사람들은 자세가 불량해 허리나 목이 심하게 굽거나 굳어 있는 경우도 많다. 나이가 들어 근육과 관절의 유연성이 떨어지는 사람에게도 유연성 운동은 필수다.

무엇보다 모든 운동을 하기에 앞서 준비 운동을 함으로써 몸과 마음을 준비시키는 과정이 중요하다. 심박수를 올리고 혈압을 상승시켜 혈액의 공급을 늘리고, 근육과 인대를 풀어주어 몸을 부드럽게 만들어준다. 빨리 운동하겠다는 마음을 버리고 서서히 몸의 온도를 올려준다는 생각으로 준비 운동을 하는 것이 좋다.

만약 한 시간 조깅을 한다면 처음에는 천천히 걷기 시작하다가 점점 속도를 올려 달리기를 한다. 10~20분 정도 걷다가 본 운동을 시작하면 된다.

준비 운동을 할 때도 개인의 신체적 능력에 따라 맞춤형으로 하는 것이 좋다. 특별한 기구를 사용하지 않고 자신의 몸을 움직이는 스트레칭만으로도 뱃살을 줄이고 숨을 가쁘게 몰아쉴 정도의 운동 효과를 기대할 수 있다.

또 운동을 마친 다음의 정리 운동도 잊어서는 안 된다. 준비 운동과 마찬가지로 10~20분 정도로 진행한다. 갑자기 운동을 멈추면 혈액이 심장으로 돌아오는 능력이 줄어든다. 그러면 혈액과 산소가 뇌로 전달되는 양이 부족해 두통이나 어지럼증을 겪을 수 있다. 또 운동을 하게 되면 젖산이라는 피로 물질이 몸에 축적된다. 젖산을 제거하려면 낮은 강도로 운동을 유지하는 것이 좋다. 마지막으로 정리 운동을 하지 않으면 몸을 회복하는 데 시간이 오래 걸린다.

요가나 필라테스처럼 본격적인 운동을 시작하지 않아도 가벼운 스트레칭만으로 유산소 운동과 근력 운동을 위한 준비 상태를 만들 수 있다. 개인마다 신체 능력에 차이가 있으므로 자신의 수준에 맞는 운동을 찾아 꾸준히 하면 된다.

_____

_____

_____

_____

_____

_____

_____

PART 7

병원 가는 시간을 줄여주는
하루 습관

LESSON 22

알코올 의존자와
조기 축구 회원의 건강

음주

사람들은 질병을 예방하기 위해, 또 건강하게 오래 살기 위해 노력한다. 영양가 높은 보양식을 찾아 먹고, 면역력과 근력을 키우기 위해 운동을 한다. 영양을 보충하고 운동으로 체력을 다지는 일은 답답한 도시 생활에 지친 사람이라면 누구나 관심을 가질 것이다. 두 가지 효용이 절묘하게 맞아 떨어지는 것이 바로 조기 축구회 같은 동호회 활동이다.

건강도 챙기고 친목도 다지니 바람직한 활동이 아닐 수 없다. 그런데 문제는 운동이 끝난 뒤다. 일요일만 되면 동네 고깃집에서 단체 운동복을 입은 사람들이 둘러앉아 술잔을 기울이는 모습을 종종 본다. 운동을 해서 몸이 건강해졌으니 술을 조금 먹는 것은 괜찮다고 둘러대는 사람도 많다. 그러면서 한두 잔의 술은 심장병 예방에 좋다는 연구 결과를 근거로 든다.

알코올이 높이는 대사증후군 수치들

물론 한두 잔의 술이 심혈관 계통의 건강에 도움이 된다는 연구가 발표된 것은 사실이다. 또 2003년에 《미국임상영양학회지 The American Journal of Clinical Nutrition》에 우리 연구진에서 발표한 자료도 술과 관련된 기존 상식과는 조금 색다른 결과를 다루고 있다.

당시 연구 주제는 술과 대사증후군의 상관관계에 관한 것이었다. 술을 많이 마셨을 때 대사증후군의 주요 진단 기준인 중성지방, 혈당, 혈압, 복부 비만, HDL 콜레스테롤이 어떤 변화를 일으키는지에 대해 살펴봤다.

결과는 역시 혈당, 혈압, 중성지방, 복부 비만 모두 음주량이 많아졌을 때 수치가 높아져 건강에 나쁜 영향을 미치는 것으로 나왔다.

HDL 콜레스테롤의 경우 다른 결과를 보여주었다. 원래 HDL 콜레스테롤은 그 양이 많을수록 동맥경화가 예방되어 혈관 건강에 좋은 평가 기준이 된다. 음주의 경우 다른 수치는 모두 나빠지지만, HDL 콜레스테롤 수치를 높여 위험을 어느 정도 상쇄시켜주는 효과가 있다. 하지만 그것도 한계가 있다. 결국 음주량이 많아지거나 술 마시는 기간이 길어지면 다른 결과들이 나빠지기 때문에 건강에 해로운 영향을 미칠 수 있다.

알코올은 체내 지방 분해를 방해한다. 마신 알코올 일부는 지방으로 전환되는데, 주로 간에 국한되어 생기므로 지방간의 원인이 된다.

어떤 이들은 알코올이 체지방으로 전환된다는 이야기를 하는데, 우리가 흔히 이야기하는 내장 지방이나 피하지방으로 전환되지는 않는다. 예를 들어 알코올 의존자들의 경우 대부분 몸이 마른 것을 보면 이해가 쉬울 것이다. 하루에 엄청난 양의 알코올을 마시지만 그것이 체지방으로 전환되어 쌓이지는 않는 것이다. 그 대신 알코올에 중독되지 않은 일반인들에게는 이미 축적되어 있는 체내 지방의 분해를 방해하고, 식욕을 자극하는 효과가 있다. 그런 까닭에 안주로 기름진 음식이나 단 음식을 찾게 하여 살이 찌게 할 수 있다.

건강에 해를 주지 않는 술 한 잔의 기준

그렇다면 술의 종류도 다양하고 알코올의 함유량도 천차만별인데 술 한두 잔의 기준이 얼마인지 궁금해질 수밖에 없다. 와인을 많이 마시는 프랑스 같은 문화권에서는 와인 한 잔이 심장병을 예방한다는 연구 결과를 과거부터 많이 발표했다. 하지만 우리나라에서는 와인보다 소주를 많이 마시기 때문에 우리나라에 맞는 기준이 필요하다.

또 각국의 음주 문화를 고려해 각 나라마다 표준 한 잔이라는 기준을 세우고 있다. 대표적으로 미국 국립알코올중독연구소에서는 알코올 14그램을 표준 한 잔으로 정하고 있다. 또 유럽은 10그램, 일본은 20그램을 표준 한 잔으로 정해 발표했다.

알코올의 중량은 자신이 마신 술의 용량을 기준으로 술의 도수를 곱한 뒤 알코올의 비중인 0.8을 곱해 산출한다. 이를 공식화하면, '알코올의 중량(g) = 술의 도수(%) × 술의 양(cc) × 0.8'이다. 예를 들어 알코올 4퍼센트 농도의 맥주를 330cc짜리 한 캔 마셨다면 '0.04% × 330cc × 0.8 = 10.56g'이다. 대략 표준 한 잔에 가까운 양이다.

그런데 우리나라 사람들의 음주량이 점차 늘고 있다는 조사 결과가 발표된 바 있다. 국민건강영양조사에 따르면, 30세 이상 남성들이 섭취하는 칼로리 중 두 번째로 많은 양을 소주가 차지하고 있다고 한다. 또 음주가 가능한 전 연령에 걸쳐 칼로리 섭취량의 5퍼센트가량을 알코올로 충당하는 것으로 조사되었다. 이러한 추세에 더해 최근에는 알코올 도수가 낮은 술이 많이 유통되어 누구나 가볍게 음주를 즐길 수 있는 분위기도 한몫 거든다고 한다.

물론 한두 잔의 술을 마시는 사람이 술을 전혀 마시지 않는 사람이나 과음을 즐기는 사람에 비해 사망률이 낮다는 연구 결과에도 불구하고, 여러 사람이 함께 음주를 즐기는 문화가 일반적인 우리나라에서는 결코 한두 잔으로 끝나지 않는 탓이 클 것이다. 또 과음은 지방간, 간염, 간암 등

알코올의 중량(g) = 술의 도수(%) × 술의 양(cc) × 0.8

알코올성 간 질환을 일으키는 주요 원인이다. 그리고 식도 암의 원인이기도 하다. 그뿐만 아니라 기억력 장애, 수면 장애, 알코올성 치매, 우울증 등 다양한 정신과적 증상으로 이어지기도 한다. 특히 알코올을 분해하는 효소가 상대적으로 부족한 사람은 소량의 음주만으로도 인슐린 저항성의 위험이 높아져 당뇨병의 발생이 높아진다. 한두 잔의 술이 건강에 도움이 된다는 말만 믿고 개인의 신체적 조건을 고려하지 않는 실수를 범하지 말아야 할 것이다.

알코올이 직접 내장 지방이나 피하지방
으로 전환되지는 않는다. 다만 알코올은
이미 축적되어 있는 체내 지방의 분해를
방해하고, 식욕을 자극하며, 기름진 음
식이나 단 음식을 찾게 하여 살이 찌게
할 수 있다.

LESSON 23

내장 지방을 키우는
발암 물질들

흡연

담배가 폐암을 비롯해 각종 암을 일으키는 직접적인 발암
물질이라는 것은 누구나 아는 사실이다. 그뿐만 아니라 대
사증후군을 일으키는 원인으로도 지목되고 있다. 또 복부
비만을 부르고 심혈관 질환을 유발하는 원인이기도 하다.
담배에 들어 있는 각종 발암 물질들은 호흡을 통해 들이마

셨다가 내뱉는 연기와 함께 사라지지 않고 폐와 체내에 오랜 기간 남는다. 하루, 1년, 10년이 지나도 몸속에서 사라지지 않고 남아 염증을 일으키고 여러 화학 반응을 일으키며 암을 유발한다.

흡연자들은 암 발생의 위험을 줄이기 위해 지금 당장 금연해야 한다. 금연을 하면 암 발생의 위험이 확연히 줄어든다. 하지만 금연을 해도 발암 물질이 폐에서 완전히 사라지지는 않기 때문에, 흡연량이 많고 흡연 기간이 길었던 사람일수록 금연했다고 안심하지 말고 지속적으로 폐암 검진을 받을 필요가 있다.

흡연이 다이어트에 좋다는 오해

한때 담배를 피우면 살이 빠진다는 잘못된 상식 때문에 유행처럼 담배를 피우던 시절이 있었다. 2005년 무렵으로 기억하는데, 정말 그런지 궁금해서 몇 개 대학병원 연구진과 협력해 연구한 적이 있다.

분석 과정에서 흥미로운 결과를 발견하여 이를 국제 학술지에 게재했는데, 해외 연구자들이 흥미로운 결과라고 관심을 보이며 많은 이메일을 보내왔다.

분석 결과, 담배를 피우는 사람이 담배를 피우지 않는 사람보다 평균적으로 체중이 덜 나가는 것으로 나왔다. 그런데 대학병원 다섯 군데에서 측정된 체지방 CT 결과와 허리둘레 측정 결과는 다른 이야기를 해주고 있었다.

데이터를 좀 더 세부적으로 분석하자 겉으로 드러나는 양상과는 사뭇 다른 결과를 얻었다. 담배를 피우는 사람 중 의외로 많은 사람이 뱃살이 나올 뿐만 아니라 내장 지방이 증가하는 현상을 보인 것이다.

정확한 원인이 규명된 것은 아니지만, 담배를 피우는 과정에서 코르티솔이라는 스트레스 호르몬이 분비되어 내장 지방의 증가를 유발하는 것으로 추정하고 있다.

내장 지방이 쌓이면 대사증후군의 발병 위험이 높아진다. 살을 빼기 위해 담배를 피웠다고 하지만, 결과적으로 체중은 줄어들지 몰라도 근육 소실과 내장 지방의 증가, 대사증후군이라는 부작용을 얻는 셈이다.

담배가 기초대사량을 감소시킨다

그런데 담배를 피우다 끊어도 살이 찐다는 속설 때문에 쉽게 금연하지 못하는 사람들도 적지 않다. 보통 스트레스를 해소하기 위한 수단으로 흡연을 하는데, 금연하면 스트레스를 해소할 방법이 사라지기 때문이다. 또 담배를 피우던 습관이 남아 있다 보니 입이 심심해 단것을 많이 먹게 되고 그로 인해 자연스럽게 살이 찌는 사람들이 많다. 자극적이고 단 음식을 계속 찾아 먹으면 살이 찌는 것은 당연한 이치다.

실제로 담배를 피우다 끊으면 니코틴 효과가 떨어지면서 기초대사량이 감소하고 살이 찌게 된다. 하지만 살이 찌는 것을 감수하면서라도 다양한 암의 원인이 되는 담배를 끊는 것은 당연히 해야 할 일이다.

기초대사량의 감소를 막기 위해서는 운동 요법과 식사 요법을 병행할 필요가 있다. 그리고 담배는 흡연자 본인 외에 주변 사람들에게도 간접 흡연의 형태로 피해를 주기 때문에 주의해야 한다.

내장 지방이 쌓이면 대사증후군의 발병 위험이 높아진다. 살을 빼기 위해 담배를 피웠다고 하지만, 결과적으로 체중은 줄어들지 몰라도 근육은 소실되고 내장 지방은 증가한다. 흡연은 대사증후군이라는 부작용을 필연적으로 동반한다.

LESSON 24

몸속 노폐물을
청소하는 시간

수면

운동과 금연은 우리 몸의 신진대사가 원활히 돌아가도록 유
도하는 활동이지만, 그 목표를 무리하게 세우고 하기 싫은
일을 하듯 억지로 실행하면 오히려 역효과를 불러올 수도
있다. 가뜩이나 온갖 스트레스에 지친 현대인의 삶에 건강
을 위한다는 미명 아래, 또 다른 스트레스를 얹는 꼴이 되고

마는 것이다.

스트레스는 만병의 근원으로 불린다. 스트레스는 불안, 우울증과 같은 정신 건강 의학적 문제를 일으킬 뿐만 아니라 비만, 고혈압, 암, 수면 장애와 같은 현대인이 흔히 겪는 질병의 주요 원인이 되기 때문이다. 각종 스트레스로 인한 심혈관 질환, 암 발생률 증가는 여러 연구를 통해서도 입증되고 있다.

복부 지방을 가지고 있거나 질병을 앓고 있는 사람이라면 우울증이나 불안 증상 같은 정신 건강 의학적 문제도 함께 갖고 있을 가능성이 높다. 운동 요법과 식사 요법 이외에 스트레스를 관리해야 하는 이유다.

수면 장애를 유발하는 스트레스

효과적인 스트레스 해소법 중 하나는 잠을 제대로 자는 것이다. 의학적 지식이 발달하기 전에는 사람이 잠을 자야 하는 이유가 불분명했다. 그저 낮 시간에 활동하고 나면 피로감 때문에 밤에 잠을 자는 것을 당연하게 받아들였다.

그런데 의학 기술이 발달하고, 뇌의 활동을 관찰할 수

있는 기술이 등장하고, 뇌 과학에 관한 지식이 축적되면서 잠에 대한 비밀이 풀리기 시작했다.

하루 종일 깨어 있는 상태로 다양한 신체 활동을 하다 보면 뇌에서도 에너지를 소비하고 대사 반응을 하면서 노폐물이 쌓이게 된다. 이때 뇌에 쌓인 노폐물을 청소해주지 않으면 뇌가 망가질 것이다. 바로 그런 노폐물을 제거하기 위한 과정이 수면이다.

또한 수면이 부족하면 그 자체만으로도 스트레스가 되고, 뇌에서 여러 가지 반응을 일으켜 식욕 조절 호르몬의 분비에 이상이 생긴다. 뇌에서 신체에 이상이 생긴 것으로 인식하면 갑자기 식욕을 자극해 평소보다 더 많이 먹게 되는 부작용도 있다. 지방 분해도 제대로 되지 않아 다이어트에도 별 도움이 되지 않는다.

경우에 따라서는 급작스러운 체중 증가가 급사의 원인이 되기도 한다. 고도 비만 환자의 경우, 심근경색증이나 뇌졸중으로 인한 급사보다 수면 무호흡증에 의한 급사가 더 위험하다는 보고가 있다.

살이 많이 찌면 기도가 좁아져 코골이가 심해질 수 있다. 또한 수면 중에 혀의 근육이 기도 쪽으로 말려 들어가면서 무호흡 증상까지 유발할 수 있는데, 이때 수면 무호흡 증상이 생기면 자칫 생명을 잃을 수도 있다.

또 코골이로 인해 수면에 방해를 받으면 뇌의 활동으로 발생한 노폐물들이 제거되지 않아 만성 피로를 느끼거나 신체에 다양한 문제를 일으킨다. 여기에 음주까지 한 상태에서 수면에 들게 되면 깊은 잠에 들지 못할뿐더러 수면 무호흡증을 더욱 키울 위험이 있다.

잠을 잊은 사람들을 위한 수면 유도 원칙

수면을 방해하는 요인 가운데 환경적 영향도 무시할 수 없다. 인간의 주거 지역이 도시화되면서 점점 더 밤을 잃어가고 있다. 인공위성 사진을 찍어보면 저녁 시간에도 조명의 영향으로 밝게 빛나는 광경을 볼 수 있다. 특히 남한과 북한을 비추는 인공위성 사진을 보면 상당히 대조적인 모습이다.

이렇듯 잠에 들어야 하는 시간에도 환하게 빛나는 환경은 체내에서 수면을 유도하는 호르몬인 멜라토닌의 분비를 방해한다. 특히 스마트폰과 같은 전자 기기 화면에서 방출

되는 블루라이트는 멜라토닌의 분비를 아주 심하게 억제한다고 알려져 있다. 이렇게 수면에 방해를 받아 깊은 잠에 들지 못하면 아침에 일어나서도 뇌의 노폐물이 제거되지 않은 채 하루를 맞이하게 된다.

멜라토닌은 하루 일과를 주기로 볼 때 잠들기 전에 분비되었다가 아침에 일어나면서 떨어지는 것이 정상적이다. 그런데 일정한 시간에 수면에 들지 못하게 방해를 받으면 멜라토닌 분비가 마찬가지로 일정해지지 않아 수면을 방해하는 악순환에 빠지게 된다.

따라서 불규칙한 수면으로 밤잠을 설치는 사람이라면 쉽게 잠에 들지 않더라도 일정 시간이 되면 침대로 직행할 것을 권한다.

멜라토닌 분비 주기에 따라 신체가 적응할 수 있도록 수면 습관을 기르는 것이다. 또 침대에 들 때는 스마트폰을 가급적 보지 않는 것이 좋다. 만약 잠자리에 들었는데도 쉽게 잠에 들지 못하는 사람이라면 스마트폰보다는 책을 읽거나 음악을 듣기를 권한다.

만약 아무리 노력해도 잠들지 못하고 밤잠을 설쳤다면 낮잠으로 수면 시간을 채우기보다는 되도록 참았다가 밤에 잠을 자는 것이 수면 사이클을 맞추는 데 도움이 될 것이다. 미국이나 유럽처럼 낮과 밤이 우리나라와는 반대인 국가로 여행 갔을 때 시차 적응을 하는 것과 비슷하다고 생각하면 된다. 사람에 따라 이틀이나 사흘 정도면 시차 적응을 하는 경우도 있고, 일주일 넘게 걸리는 경우도 있다.

단, 잠을 아무리 설치더라도 수면제를 복용해 잠에 들려는 시도는 하지 않는 것이 좋다. 또 술을 마시면 잠에 쉽게 든다고 말하는 사람들도 있는데 수면제나 술 같은 성분은 절대로 깊은 잠을 유도하지 않는다.

아침에 눈을 뜰 때까지 전혀 깨지 않고 잔 것 같아도 오히려 시간이 지날수록 피로감이 밀려오고, 대사 반응도 느려지고, 뱃살도 늘어나는 경험을 할 것이다. 정말 필요한 경우에 의사로부터 처방을 받지 않았다면 수면제는 멀리하는 것이 좋다.

수면 부족은 현대인의 비만이나 대사증후군을 해결하는 데 굉장히 악영향을 주는 요인이다. 게다가 운동 부족이나 흡연, 음주 같은 요인들과 상호 작용을 일으켜 신체적으로나 정신적으로나 스트레스를 높이는 원인이 된다.

가급적 다이어트나 운동에 대한 스트레스를 받지 않도

수면 부족은 비만이나 대사증후군의 원인이 되기도 한다.
특히 운동 부족이나 흡연, 음주 같은 요인들과 함께
신체적·정신적으로 스트레스를 높인다.

록 몸을 관리하는 것이 중요하다. 건강한 수면을 위해 알아
두어야 할 습관 몇 가지를 살펴보자.

건강한 수면에 도움이 되는 습관들

가급적 수면에 들고 깨는 시간을 일정하게 유지하는 것
이 중요하다. 하루아침에 바꿀 수 있는 습관은 아니므로, 며
칠간 마음의 여유를 가지고 시도해보는 것이 좋다.

아침에 일어나 밝은 빛을 쬐면 멜라토닌의 분비를 억제
해주는 효과가 있다. 아침에 멜라토닌 분비를 억제해주면
밤에 잠들기 전에 멜라토닌 분비를 강화시켜주는 효과가 있
어 수면에 도움이 된다.

낮 시간에 규칙적인 운동을 해주면 좋다. 하지만 수면
전에는 과격하거나 경쟁심을 자극하는 운동을 피해야 한다.
오히려 자극이 되어 잠들기가 힘들어질 수 있다.

음주는 피해야 한다. 밤에 자기 위해 술을 마시는 사람
들도 있는데, 알코올이 약간의 수면 유도 효과를 주기는 하
지만 깊은 잠을 방해하기 때문에 피해야 한다. 술을 마시고
잤을 때 자주 깨는 경험을 다들 해보았을 것이다.

밤늦게 음식을 먹는 일은 피해야 한다. 늦은 시간에 식사를 하면 잠들기를 방해하고 비만을 초래한다. 또한 고지혈증을 유발하거나 악화시키고 역류성 식도염이나 위궤양 같은 질병의 위험을 높일 수 있다. 커피나 차, 초콜릿처럼 카페인이 든 음료도 저녁 시간 이후에는 피하는 것이 좋다.

억지로 잠에 들지 않아도 된다. 잠이 오지 않을 때 잠자리에서 양 한 마리, 두 마리를 세어가며 누워 있어도 별 도움이 안 되는 경우가 많다. 그럴 때는 오히려 조바심을 내지 말고, 잠자리에서 일어나 다른 곳으로 자리를 옮겨 차분하게 앉아 자극적이지 않은 책을 읽거나 라디오를 듣는 것이 좋다. 단, 지금 당장 못 잔 만큼 다음 날 낮잠으로 보충하려 하지 말고, 일정한 시간에 수면을 시도하면 된다.

수면 환경을 점검해보는 것이 좋다. 습도가 너무 낮지는 않은지, 침실이 너무 밝지는 않은지, 옆에서 같이 자는 사람이 코골이를 심하게 하지 않는지를 체크해보자. 복용하는 약이나 건강 기능 식품이 있다면, 그런 것들이 수면에 영향을 주지는 않는지 확인해볼 필요가 있다. 교정할 수 있는 요인이 있다면 적극적으로 교정해야 한다.

수면 중 용변을 보기 위해 두 번 이상 깬다면 주치의 선

생님과 상담해볼 필요가 있다. 전립선 비대증, 방광염 같은
병들이 깊은 수면을 방해할 수도 있다.

수면에 들고 깨는 시간을 일정하게 유지한다. 낮에 규칙적인 운동을 한다. 밤늦게 음식을 먹는 일은 피한다. 억지로 잠에 들지 않아도 된다. 수면 중 용변을 보기 위해 두 번 이상 깬다면 의사와 상담할 필요가 있다.

LESSON 25

빅데이터와 친해져야
오래 산다

앞으로 등장할 건강 모니터링 프로그램

정밀 의료에 대한 관심이 급증하고 있다. 정밀 의료는 유전자 연구자들이 먼저 제안한 개념이다. 개인의 유전 정보에 따라 맞춤 치료를 제공하고, 약물의 부작용을 예방하자는 개념이었다. 많은 관심을 끌었고 온갖 장밋빛 미래가 지금도 제시되고 있다. 하지만 우리가 유전 정보 하나로 질병을 예방하고 관리하는 데 얼마나 도움을 받을 수 있는지에 대해서는 꼼꼼히 짚어볼 필요가 있다.

보고에 따라 다르긴 하지만, 유전 정보로 암을 예측하는 데에는 한계가 있는 것으로 보인다. 인류의 전체 유전자 염기 서열이 확보되고, 지금도 유전자 검사를 통해 많은 원인 유전자들이 발견되고 있다. 하지만 2019년 미국암학회의 보고에 따르면, 부모로부터 받은 유전자 변이를 통해 생기는 암은 전체 암 가운데 5~10퍼센트에 불과한 것으로 보고 있다. 단순한 유전 정보만으로는 암과 같이 현대인의 생명을 위협하는 질병을 예측하고 예방하는 데 한계가 있다는 이야기다.

유전자 변이와 질병의 연관성이 지속적으로 밝혀지고 있고 그 덕분에 예측률도 높아지겠지만, 현대인이 앓는 질병을 순수하게 유전자 검사만으로 예측하기에는 한계가 있다. 유전자가 관련 단백질로 발현되는 과정에서는 조절이 필요하다. 이런 조절 과정은 주로 우리 주변 환경과 여러 신호를 주고받으면서 이뤄진다.

태어날 때 부모로부터 전달된 염기 서열에는 변화가 없겠지만, 유전자의 발현은 이들 신호를 받아 구조적인 변화를 통해 조절하는 것이다. 이를 후생유전학이라고 부른다. 후생유전학의 발전은 이들 유전자의 염기 신호만을 기준으로 예측하는 것보다는 암 발생 예측률을 훨씬 높여줄 것으로 보인다.

그러나 이에 대한 데이터와 연구가 아직 충분치 않은 데다 좀 더 발전된 검사 방법이 필요해, 현재로서는 임상적으로 크게 활용되고 있지 않다.

앞으로 유전학적 지식은 계속해서 축적되어 질병을 예측하는 데 더 높은 예측률을 보일 것이 확실하다. 그러나 당연히 예측률이 100퍼센트일 수는 없다. 50퍼센트를 넘길 수 있을지도 확실치 않다. 그 대신 우리는 다른 요인들을 살펴봐야 한다.

먹는 음식에 문제가 있는지, 운동은 제대로 하는지, 수면은 적절히 하고 있는지, 발암 물질에 노출되어 있지 않은지, 스트레스를 많이 받고 있는지, 주변 공기가 오염되어 있지는 않은지 등을 모두 모니터링할 수 있다면 질병에 대한 발생 예측률을 획기적으로 높일 수 있을 것이다.

게다가 후생유전학적 입장에서 보면, 이들 요인들이 유전자와 상호작용을 통해 유전자 발현이 조절되므로, 유전자를 통한 질병 예측 가능성도 훨씬 높이는 결과를 가져올 것이다.

이런 변화를 다른 표현으로 말해보자면, 빅데이터를 통해 질병을 예측하고 관리하는 시대가 오고 있다. 우리 주변에서 앱이나 기타 도구를 활용한 이들 데이터의 측정이 현실화되고 있다. 머신 러닝이나 딥 러닝과 같은 데이터 사이언스 분야의 발전과 컴퓨터 연산 처리 기술의 발달이 이런 일들을 가능하게 해준다. 얼마 전까지만 해도 유전자 전체 서열을 분석해내는 데 10년 넘는 세월이 걸렸지만, 지금은 하루도 안 되는 짧은 시간에 분석해내는 시대가 도래했기 때문이다.

이 책에서 지금까지 이야기한 비만, 대사증후군, 만성 질환, 암과 같은 질병을 IT 및 유전학을 비롯한 생명공학의 발달 그리고 빅데이터 처리 기술 및 인공지능의 발달에 힘입어 효율적으로 관리하는 시대가 곧 도래할 것으로 보인다.

아직 초보 단계로 보이긴 하지만 다양한 서비스가 나오고 있다. 나의 연구진도 영양 분석을 통한 바이오피드백, 복약 지도, 운동 평가, 수면 조절 프로그램을 만들어 실제 임

상에 적용했을 때 체지방도 줄고 혈압 조절도 향상되는 임
상 결과를 도출해낸 바 있다. 이런 다양한 도구들을 활용한
건강 관리! 이제는 선택이 아니라 필수다.

쓰고 말하는 페이지

> 빅데이터를 통해 질병을 예측하고 관리하는 시대가 오고 있다. 우리는 충분히 더 건강하게 오래 살 수 있다. 개인의 건강 환경과 생활 습관을 모니터링하자.

_____

_____

_____

_____

_____

_____

_____

Health is above Wealth

EBS 클래스 ⓔ 시리즈 18

건강 공부 건강 습관

1판 1쇄 발행 2021년 8월 31일

지은이 오상우

펴낸이 김명중 | **콘텐츠기획센터장** 류재호 | **북&렉처프로젝트팀장** 유규오
북매니저 박민주 | **북팀** 박혜숙, 여운성, 장효순, 최재진 | **마케팅** 김효정, 최은영
책임편집 김승규 | **디자인** 오하라 | **인쇄** 우진코니티

펴낸곳 한국교육방송공사(EBS)
출판신고 2001년 1월 8일 제2017-000193호
주소 경기도 고양시 일산동구 한류월드로 281
대표전화 1588-1580
홈페이지 www.ebs.co.kr | **전자우편** ebs_books@ebs.co.kr

ISBN 978-89-547-5951-9 04300
     978-89-547-5388-3 (세트)

ⓒ 2021, 오상우